国家职业技能等级认定培训教材

国家基本职业培训包教材资源

网约配送员

（基础知识）

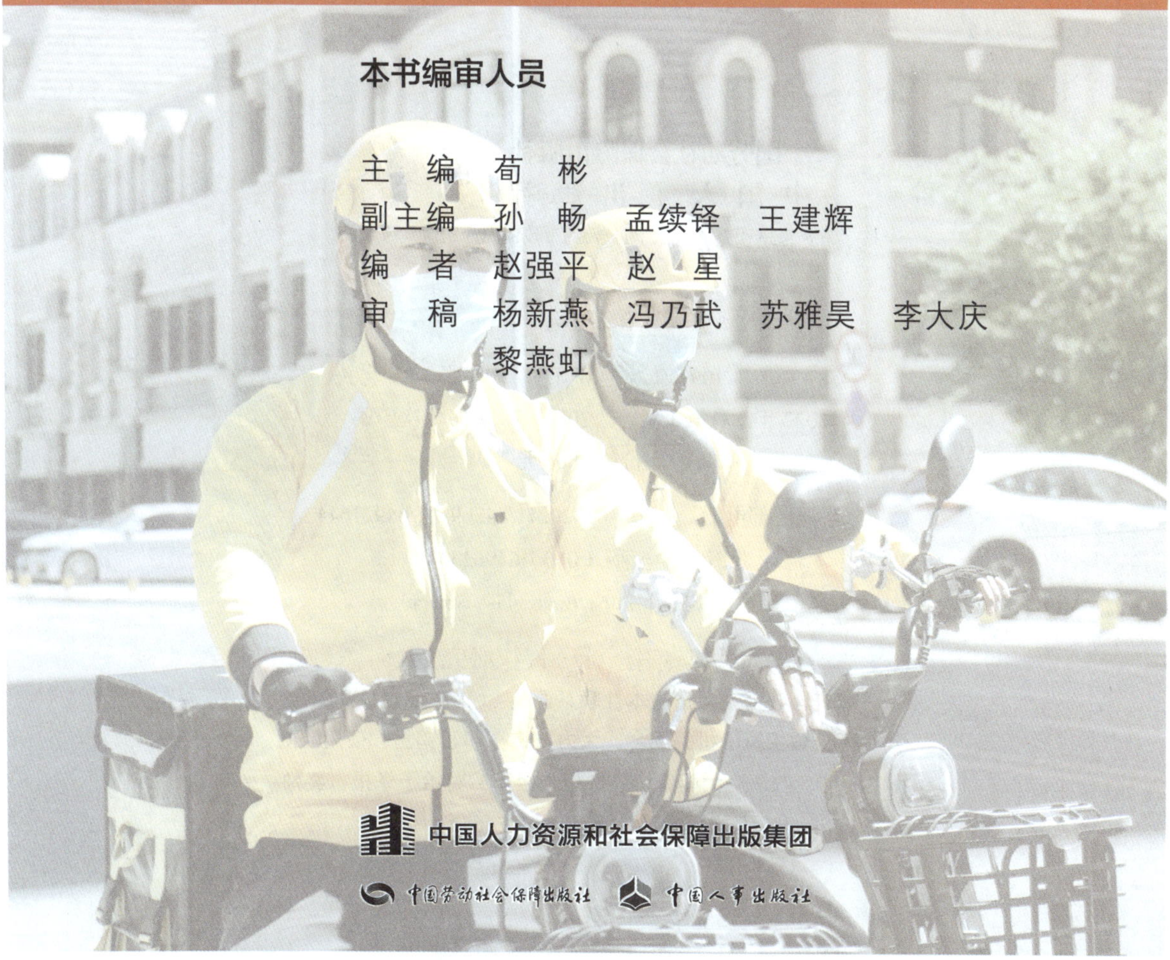

本书编审人员

主　编　荀　彬
副主编　孙　畅　孟续铎　王建辉
编　者　赵强平　赵　星
审　稿　杨新燕　冯乃武　苏雅昊　李大庆
　　　　黎燕虹

中国人力资源和社会保障出版集团

中国劳动社会保障出版社　中国人事出版社

图书在版编目（CIP）数据

网约配送员：基础知识 / 人力资源社会保障部教材办公室组织编写. -- 北京：中国劳动社会保障出版社：中国人事出版社，2022

国家职业技能等级认定培训教材

ISBN 978-7-5167-5487-0

Ⅰ.①网… Ⅱ.①人… Ⅲ.①物资配送-职业技能-鉴定-教材 Ⅳ.①F252.14

中国版本图书馆 CIP 数据核字（2022）第 117892 号

中国劳动社会保障出版社
中国人事出版社 出版发行

（北京市惠新东街 1 号 邮政编码：100029）

*

三河市华骏印务包装有限公司印刷装订 新华书店经销

787 毫米 ×1092 毫米 16 开本 6 印张 95 千字
2022 年 9 月第 1 版 2022 年 9 月第 1 次印刷
定价：19.00 元

读者服务部电话：（010）64929211/84209101/64921644
营销中心电话：（010）64962347
出版社网址：http://www.class.com.cn

版权专有 侵权必究

如有印装差错，请与本社联系调换：（010）81211666
我社将与版权执法机关配合，大力打击盗印、销售和使用盗版图书活动，敬请广大读者协助举报，经查实将给予举报者奖励。
举报电话：（010）64954652

前　言

为加快建立劳动者终身职业技能培训制度，大力实施职业技能提升行动，全面推行职业技能等级制度，推进技能人才评价制度改革，促进国家基本职业培训包制度与职业技能等级认定制度的有效衔接，进一步规范培训管理，提高培训质量，人力资源社会保障部教材办公室组织有关专家在《网约配送员国家职业技能标准（2021年版）》（以下简称《标准》）制定工作基础上，编写了网约配送员国家职业技能等级认定培训教材（以下简称网约配送员等级教材）。

网约配送员等级教材紧贴《标准》要求编写，内容上突出职业能力优先的编写原则，结构上按照职业功能模块分级别编写。该等级教材共包括《网约配送员（基础知识）》《网约配送员（初级）》《网约配送员（中级）》《网约配送员（高级）》《网约配送员（技师　高级技师）》5本。《网约配送员（基础知识）》是各级别网约配送员均需掌握的基础知识，其他各级别教材内容分别包括各级别网约配送员应掌握的理论知识和操作技能。

本书是网约配送员等级教材中的一本，是职业技能等级认定推荐教材，也是职业技能等级认定题库开发的重要依据，已纳入国家基本职业培训包教材资源，适用于职业技能等级认定培训和中短期职业技能培训。

本书在编写过程中得到美团（北京三快在线科技有限公司）的大力支持与协助，在此一并表示衷心感谢。

人力资源社会保障部教材办公室

目 录 CONTENTS

培训模块一　职业认知、职业道德与法律法规 ………………………………………… 1
　培训项目 1　职业认知 ……………………………………………………………… 3
　培训项目 2　职业道德与职业守则 ………………………………………………… 6
　培训项目 3　相关法律法规知识 …………………………………………………… 9

培训模块二　网约配送知识 …………………………………………………………… 29
　培训项目 1　网约配送员行为规范 ………………………………………………… 31
　培训项目 2　网约配送业务基础 …………………………………………………… 36

培训模块三　配送设备知识 …………………………………………………………… 41
　培训项目 1　配送车辆使用与养护 ………………………………………………… 43
　培训项目 2　其他配送员装备 ……………………………………………………… 47

培训模块四　安全和应急处理知识 …………………………………………………… 53
　培训项目 1　安全知识 ……………………………………………………………… 55
　培训项目 2　紧急情况处理 ………………………………………………………… 63

培训模块五　基础道路交通知识 ……………………………………………………… 65
　培训项目 1　城市路网 ……………………………………………………………… 67
　培训项目 2　道路交通标志与标线 ………………………………………………… 70

培训模块 一
职业认知、职业道德与法律法规

培训项目1　职业认知
培训项目2　职业道德与职业守则
培训项目3　相关法律法规知识

培训项目 1 职业认知

网约配送员是国家政策顶层设计引领、新兴技术快速变革和巨大市场需求相融合的时代产物。

近年来,国家相继出台了众多利好政策,通过顶层设计发挥政策引领作用,为本地生活服务电商和网约配送服务的快速发展营造了良好的政策环境。

进入移动互联网时代后,随着大数据、人工智能、云计算等技术的突破发展,以数据驱动、平台支撑和线上线下协同的新经济形态呈现爆发式增长,极大地促进了生活服务业的数字化转型升级和提质增效,从而带动了大量网约配送员就业群体的社会化涌现。

消费者的网购类型愈加多样化,以往三日达的时效已不能满足日益多元的生活服务需求,餐饮、生鲜、药品等具有明显的即时属性,需要被迅速配送到消费者手中。巨大的市场需求使得网约配送员的就业群体规模增长迅速,每天跑在路上的网约配送员达到百万级,网约配送已经成为现代城市生活的"新基础设施"和新业态吸纳就业的典型代表。

一、职业概述

1. 网约配送员职业定义

网约配送员是指通过互联网平台,从事接收、验视客户订单,根据订单需求,按照平台智能规划路线,在一定时间内将订单物品递送至指定地点的服务人员。

2. 网约配送员工作任务

(1)通过智能终端接收、验视、核对客户订单,包括但不限于数量、尺寸、规格、颜色、保质期、价格、地址等。

(2)分类整理订单物品,编排递送顺序。

（3）按照客户要求及网络平台智能规划的配送路线，在规定时间内将订单物品递送至指定地点。

（4）处理无人接收、拒收、破损等递送异常情况。

（5）处理客户投诉及其他递送诉求。

3. 网约配送员工作特点

相比传统快递员，网约配送员的工作有以下特点：

（1）在配送环节方面，网约配送是点对点服务，无集中取送和中转接驳。

（2）在配送技术方面，网约配送属于基于位置的服务（location based service，LBS），对于移动互联网具有很强的依赖性，需要配送平台利用移动互联网等技术提供网络定位、时间计算、路径规划等，可以说没有移动互联网就没有网约配送。

（3）在配送范围方面，网约配送具有很强的本地化、网格化特点，不存在远距离异地配送。

（4）在配送场景方面，网约配送场景多样化，包括餐饮外卖、生鲜宅配等。

4. 职业发展通道

网约配送员拥有纵向发展的职业通道，随着网约配送员技能水平的提高，可以逐步向上发展达到相应的等级，在收入、个人成长、管理晋升方面取得进步。网约配送员国家职业技能标准的颁布，能够进一步完善网约配送员的薪酬结构和规范网约配送员职业管理程序，为网约配送员职业发展提供更大的空间。网约配送员通过参加行业通识知识、交通安全知识、消防安全知识、基本服务规范等培训，可以在实现技能提升的基础上获得更好的职业发展前景。

二、网约配送员基本职业素养

1. 个人素质要求

（1）外在形象

网约配送员统一的着装和良好的仪表能够提升客户的信任感和专业感。一个优秀的网约配送员，在工作时应该穿着所属企业品牌的工作服，在获得客户信赖的同时，也能够推广企业的品牌。

（2）身体素质

网约配送工作要求网约配送员在遵守交通规则的情况下，能够准时将客户的商品安全送达，只有具备良好的身体素质，才能高效率地完成配送。在配送的路途中，可能会有各种意料之外的情况发生，这就要求网约配送员对各种风险有规避意识。

2. 服务态度要求

网约配送员连接的是最终的客户，所以要保持良好的服务态度，做到微笑服务。微笑可以缩短人与人之间的距离，迅速建立好感，因特殊原因而造成配送延误时，真诚的微笑和礼貌的语言也能减少负面影响。

3. 工作效率要求

网约配送客户对配送的时效性要求较高。短距离配送并不是一件轻松的事情，效率是短距离配送的核心要求。如果配送工作超过了约定时间，客户的好感度就会降低。

三、网约配送员的权利和义务

1. 网约配送员的权利

（1）网约配送员在合同期间有权参与企业民主管理，有权提出合理化建议，有权参加企业组织的各项活动，享有获得政治荣誉和物质鼓励的权利。

（2）网约配送员有享受社会保险和福利的权利，企业应结合自身和本地区实际情况以网约配送员的基本薪酬为基础，为其办理有关社会保险。

（3）网约配送员有权按劳取酬，企业不得随意克扣或者无故拖欠网约配送员薪酬。

（4）网约配送员有获得劳动安全、卫生和保护的权利。企业应为网约配送员提供符合国家规定的劳动安全卫生条件。

（5）女性员工享有与男性员工平等的工作权利。

（6）网约配送员因疾病治疗需要，有申请延长医疗期的权利。

（7）网约配送员享有国家法律规定的其他劳动权利。

2. 网约配送员的义务

（1）网约配送员应遵循国家法律、法规及企业有关规章制度，遵守各项管理细则。

（2）网约配送员应按时、按质、按量地完成约定的工作任务或工作指标，并接受企业的考核。

（3）网约配送员应自觉保护企业的形象和利益，不得损害企业形象和利益。

（4）网约配送员必须遵守与企业有关的保密政策规定，保护消费者隐私。

（5）网约配送员因其他事由单方提前解除劳动合同，应以书面形式通知企业，并承担相应法律责任。

培训项目 2

职业道德与职业守则

一、职业道德概述

所谓职业道德,就是与人们的职业活动紧密相连的符合职业特点要求的道德准则、道德情操与道德品质的总和。对于职业道德,需要从内容、表现形式、调节范围、产生效果四个方面理解和掌握。

1. 内容

在内容方面,职业道德往往表现为某一职业特有的道德传统和道德习惯,表现为从事某一职业的人们所特有的道德心理和道德品质,甚至造成从事不同职业的人们在道德表现上的差异,如人们常说某人有"军人作风",某人有"学究气"等。

2. 表现形式

在表现形式方面,职业道德往往比较具体、灵活、多样。它总是从本职业交流活动的实际出发,采用制度、守则、公约、承诺、誓言、条例,以及标语口号等形式。这些灵活的形式既易于从业人员接受和实行,也容易形成一种职业的道德习惯。

3. 调节范围

职业道德一方面用来调节从业人员内部关系,加强职业、行业内部人员的凝聚力;另一方面也用来调节从业人员与其服务对象之间的关系,塑造本职业从业人员的形象。

4. 产生效果

从产生的效果来看,职业道德虽然是在特定的职业生活中形成的,但它绝不是离开阶级道德或社会道德而独立存在的道德类型。职业道德与各种职业要求和职业生活相结合,具有较强的稳定性和连续性,形成比较稳定的职业心理和职业习惯,在很大程度上改变人们在学校生活阶段和少年时期所形成的品行,影响道德主体的道德风貌。

二、职业道德的特点

1. 职业道德具有适用范围的有限性

由于各种职业的职业责任和义务不同,从而形成各自特定职业道德的具体规范。

2. 职业道德具有发展的历史继承性

职业具有不断发展和世代延续的特征,如"有教无类""诲人不倦",从古至今始终是教师的职业道德。

3. 职业道德的表达形式多种多样

由于各种职业道德的要求都较为具体、细致,因此其表达形式也多种多样。

4. 职业道德有着强烈的纪律性

职业道德有时以制度、章程、条例的形式表达,让从业人员认识到职业道德具有纪律性。

三、职业道德的社会作用

1. 调节职业交往中从业人员内部以及从业人员与服务对象之间的关系。
2. 有助于维护和提高本行业的信誉。
3. 促进本行业的发展。
4. 有助于提高全社会的道德水平。

四、社会主义职业道德的主要内容

社会主义职业道德包含五个方面的主要内容:爱岗敬业、诚实守信、办事公道、热情服务、奉献社会。

五、培养社会主义职业道德的重要意义

1. 促进行业兴旺发达

一个行业的职业道德状况,将直接影响本行业的社会信誉和经济效益,它往往通过每个从业人员的职业道德修养程度来表现。从这个意义上说,每个从业人员都是本行业的代表。因此,从业人员加强职业道德修养,是维护本行业在社会

中的道德信誉、促进本行业兴旺发达的必要前提条件。

2. 调整和建立新型人际关系

社会主义道德建设的基本任务是在全社会形成团结互助、平等友爱、共同进步的人际关系。在社会主义社会，人人都是服务对象，人人都为他人服务，各行各业的职业道德状况将对整个社会的道德水平产生很大影响。

3. 做好本职工作

职业道德水平的高低，直接决定着从业人员本职工作完成得好坏。只有职业道德水平高的从业人员才能产生强烈的事业心和崇高的使命感，从而出色地完成工作。

4. 实现人的全面发展

各行各业的从业人员要想实现自己的全面发展，就必须加强社会主义职业道德修养，"多才少德"或"有才无德"都是不对的。

六、网约配送员职业守则

1. 遵纪守法，服务社会

遵守国家有关法律法规和企业的规章制度，尊重自己的职业，尊重每一个自己所服务的客户。

2. 着装整洁，礼貌文明

保持个人卫生，统一着装，整洁干净。对待客户礼貌热情，亲切诚恳，想尽办法解决顾客的问题，耐心周到，无微不至。

3. 团结协作，勤奋务实

虚心听取他人意见，具有良好的团队意识，善于与人共事，团结合作，创造和谐向上的氛围，脚踏实地，尽职尽责。

4. 保守秘密，确保安全

熟悉工作纪律，工作中保护客户隐私。遵守安全规则，确保网约配送过程中的商品安全以及自身安全。

培训项目 3

相关法律法规知识

《中华人民共和国劳动法》(以下简称《劳动法》)、《中华人民共和国劳动合同法》(以下简称《劳动合同法》)、《中华人民共和国安全生产法》(以下简称《安全生产法》)、《中华人民共和国消防法》(以下简称《消防法》)、《中华人民共和国突发事件应对法》(以下简称《突发事件应对法》)、《中华人民共和国消费者权益保护法》(以下简称《消费者权益保护法》)、《中华人民共和国道路交通安全法》(以下简称《道路交通安全法》)、《中华人民共和国邮政法》(以下简称《邮政法》)和《中华人民共和国食品安全法》(以下简称《食品安全法》)是网约配送员必须掌握的法律法规,只有充分理解这些法律法规,才能理性地保护自己的合法权益,合理合法地为客户提供更好的服务。

一、《劳动法》

1.《劳动法》的制定目的

国家为了保护劳动者的合法权益,调整劳动关系,建立和维护适应社会主义市场经济的劳动制度,促进经济发展和社会进步,根据宪法制定了《劳动法》。

2.《劳动法》的适用范围

(1)在中华人民共和国境内的企业、个体经济组织(以下统称用人单位)和与之形成劳动关系的劳动者,适用《劳动法》。

(2)国家机关、事业组织、社会团体和与之建立劳动合同关系的劳动者,依照《劳动法》执行。

3. 劳动者的权利和义务

(1)劳动者享有平等就业和选择职业的权利、取得劳动报酬的权利、休息休假的权利、获得劳动安全卫生保护的权利、接受职业技能培训的权利、享受社会保险和福利的权利、提请劳动争议处理的权利以及法律规定的其他劳动权利。

（2）劳动者应当完成劳动任务，提高职业技能，执行劳动安全卫生规程，遵守劳动纪律和职业道德。

（3）用人单位应当依法建立和完善规章制度，保障劳动者享有劳动权利和履行劳动义务。

（4）国家采取各种措施，促进劳动就业，发展职业教育，制定劳动标准，调节社会收入，完善社会保险，协调劳动关系，逐步提高劳动者的生活水平。

4.《劳动法》的主要内容

《劳动法》的主要内容包括：促进就业、劳动合同和集体合同、工作时间和休息休假、工资、劳动安全卫生、女职工和未成年工特殊保护、职业培训、社会保险和福利、劳动争议等。

（1）**促进就业**

1）国家通过促进经济和社会发展，创造就业条件，扩大就业机会。国家鼓励企业、事业组织、社会团体在法律、行政法规规定的范围内兴办产业或者拓展经营，增加就业。国家支持劳动者自愿组织起来就业和从事个体经营实现就业。

2）地方各级人民政府应当采取措施，发展多种类型的职业介绍机构，提供就业服务。

3）劳动者就业，不因民族、种族、性别、宗教信仰不同而受歧视。

4）妇女享有与男子平等的就业权利。在录用职工时，除国家规定的不适合妇女的工种或者岗位外，不得以性别为由拒绝录用妇女或者提高对妇女的录用标准。

5）残疾人、少数民族人员、退出现役的军人的就业，法律、法规有特别规定的，从其规定。

6）禁止用人单位招用未满十六周岁的未成年人。

（2）**劳动合同和集体合同**

1）劳动合同是劳动者与用人单位确立劳动关系、明确双方权利和义务的协议。建立劳动关系应当订立劳动合同。

2）订立和变更劳动合同，应当遵循平等自愿、协商一致的原则，不得违反法律、行政法规的规定。劳动合同依法订立即具有法律约束力，当事人必须履行劳动合同规定的义务。

3）劳动合同应当以书面形式订立，并具备以下条款：劳动合同期限；工作内容；劳动保护和劳动条件；劳动报酬；劳动纪律；劳动合同终止的条件；违反劳动合同的责任。劳动合同除必备条款外，当事人可以协商约定其他内容。

4）劳动合同的期限分为有固定期限、无固定期限和以完成一定的工作为期限。劳动者在同一用人单位连续工作满十年以上，当事人双方同意延续劳动合同的，如果劳动者提出订立无固定期限的劳动合同，应当订立无固定期限的劳动合同。

5）劳动合同可以约定试用期。试用期最长不得超过六个月。

6）劳动合同当事人可以在劳动合同中约定保守用人单位商业秘密的有关事项。

7）劳动合同期满或者当事人约定的劳动合同终止条件出现，劳动合同即行终止。

8）经劳动合同当事人协商一致，劳动合同可以解除。

9）劳动者有下列情形之一的，用人单位可以解除劳动合同：

①在试用期间被证明不符合录用条件的。

②严重违反劳动纪律或者用人单位规章制度的。

③严重失职，营私舞弊，对用人单位利益造成重大损害的。

④被依法追究刑事责任的。

10）有下列情形之一的，用人单位可以解除劳动合同，但是应当提前三十日以书面形式通知劳动者本人：

①劳动者患病或者非因工负伤，医疗期满后，不能从事原工作也不能从事由用人单位另行安排的工作的。

②劳动者不能胜任工作，经过培训或者调整工作岗位，仍不能胜任工作的。

③劳动合同订立时所依据的客观情况发生重大变化，致使原劳动合同无法履行，经当事人协商不能就变更劳动合同达成协议的。

11）用人单位濒临破产进行法定整顿期间或者生产经营状况发生严重困难，确需裁减人员的，应当提前三十日向工会或者全体职工说明情况，听取工会或者职工的意见，经向劳动行政部门报告后，可以裁减人员。用人单位依据上述规定裁减人员，在六个月内录用人员的，应当优先录用被裁减的人员。

12）劳动者有下列情形之一的，用人单位不得解除劳动合同：

①患职业病或者因工负伤并被确认丧失或者部分丧失劳动能力的。

②患病或者负伤，在规定的医疗期内的。

③女职工在孕期、产期、哺乳期内的。

④法律、行政法规规定的其他情形。

（3）工作时间和休息休假

1）国家实行劳动者每日工作时间不超过八小时、平均每周工作时间不超过四十四小时的工时制度。

2）用人单位应当保证劳动者每周至少休息一日。

3）用人单位在下列节日期间应当依法安排劳动者休假：元旦、春节、国际劳动节、国庆节以及法律、法规规定的其他休假节日。

（4）工资、劳动安全卫生、女职工和未成年工特殊保护

1）工资分配应当遵循按劳分配原则，实行同工同酬。

2）用人单位必须建立、健全劳动安全卫生制度，严格执行国家劳动安全卫生规程和标准，对劳动者进行劳动安全卫生教育，防止劳动过程中的事故，减少职业危害。

3）国家对女职工和未成年工实行特殊劳动保护。

（5）职业培训

1）国家通过各种途径，采取各种措施，发展职业培训事业，开发劳动者的职业技能，提高劳动者素质，增强劳动者的就业能力和工作能力。

2）各级人民政府应当把发展职业培训纳入社会经济发展的规划，鼓励和支持有条件的企业、事业组织、社会团体和个人进行各种形式的职业培训。

3）用人单位应当建立职业培训制度，按照国家规定提取和使用职业培训经费，根据本单位实际，有计划地对劳动者进行职业培训。

4）国家确定职业分类，对规定的职业制定职业技能标准，实行职业资格证书制度，由经备案的考核鉴定机构负责对劳动者实施职业技能考核鉴定。

（6）社会保险和福利

1）国家发展社会保险事业，建立社会保险制度，设立社会保险基金，使劳动者在年老、患病、工伤、失业、生育等情况下获得帮助和补偿。

2）国家发展社会福利事业，兴建公共福利设施，为劳动者休息、休养和疗养提供条件。

（7）劳动争议

1）用人单位与劳动者发生劳动争议，当事人可以依法申请调解、仲裁、提起诉讼，也可以协商解决。调解原则适用于仲裁和诉讼程序。

2）解决劳动争议，应当根据合法、公正、及时处理的原则，依法维护劳动争议当事人的合法权益。

二、《劳动合同法》

1.《劳动合同法》的制定目的

《劳动合同法》的立法目的是完善劳动合同制度,明确劳动合同双方当事人的权利和义务,保护劳动者的合法权益,构建和发展和谐稳定的劳动关系。

2.《劳动合同法》的适用范围

中华人民共和国境内的企业、个体经济组织、民办非企业单位等组织(以下称用人单位)与劳动者建立劳动关系,订立、履行、变更、解除或者终止劳动合同,适用《劳动合同法》。

3. 劳动合同的订立

(1)用人单位自用工之日起即与劳动者建立劳动关系。用人单位应当建立职工名册备查。

(2)用人单位招用劳动者时,应当如实告知劳动者工作内容、工作条件、工作地点、职业危害、安全生产状况、劳动报酬,以及劳动者要求了解的其他情况;用人单位有权了解劳动者与劳动合同直接相关的基本情况,劳动者应当如实说明。

(3)用人单位招用劳动者,不得扣押劳动者的居民身份证和其他证件,不得要求劳动者提供担保或者以其他名义向劳动者收取财物。

(4)建立劳动关系,应当订立书面劳动合同。

4. 劳动合同的履行和变更

(1)用人单位与劳动者应当按照劳动合同的约定,全面履行各自的义务。

(2)用人单位应当按照劳动合同约定和国家规定,向劳动者及时足额支付劳动报酬。

(3)用人单位应当严格执行劳动定额标准,不得强迫或者变相强迫劳动者加班。用人单位安排加班的,应当按照国家有关规定向劳动者支付加班费。

(4)用人单位与劳动者协商一致,可以变更劳动合同约定的内容。变更劳动合同,应当采用书面形式。

5. 劳动合同的解除和终止

(1)用人单位与劳动者协商一致,可以解除劳动合同。

(2)劳动者提前三十日以书面形式通知用人单位,可以解除劳动合同。劳动者在试用期内提前三日通知用人单位,可以解除劳动合同。

(3)有下列情形之一的,劳动合同终止:

1）劳动合同期满的。
2）劳动者开始依法享受基本养老保险待遇的。
3）劳动者死亡，或者被人民法院宣告死亡或者宣告失踪的。
4）用人单位被依法宣告破产的。
5）用人单位被吊销营业执照、责令关闭、撤销或者用人单位决定提前解散的。
6）法律、行政法规规定的其他情形。

三、《安全生产法》

1.《安全生产法》的制定目的

《安全生产法》的立法目的是加强安全生产工作，防止和减少生产安全事故，保障人民群众生命和财产安全，促进经济社会持续健康发展。

2.《安全生产法》的适用范围

在中华人民共和国领域内从事生产经营活动的单位（以下统称生产经营单位）的安全生产，适用《安全生产法》；有关法律、行政法规对消防安全和道路交通安全、铁路交通安全、水上交通安全、民用航空安全以及核与辐射安全、特种设备安全另有规定的，适用其规定。

3. 生产经营单位的安全生产保障

（1）生产经营单位应当具备《安全生产法》和有关法律、行政法规和国家标准或者行业标准规定的安全生产条件；不具备安全生产条件的，不得从事生产经营活动。

（2）生产经营单位的全员安全生产责任制应当明确各岗位的责任人员、责任范围和考核标准等内容。生产经营单位应当建立相应的机制，加强对安全生产责任制落实情况的监督考核，保证全员安全生产责任制的落实。

（3）生产经营单位不得因安全生产管理人员依法履行职责而降低其工资、福利等待遇或者解除与其订立的劳动合同。

（4）生产经营单位应当对从业人员进行安全生产教育和培训，保证从业人员具备必要的安全生产知识，熟悉有关的安全生产规章制度和安全操作规程，掌握本岗位的安全操作技能，了解事故应急处理措施，知悉自身在安全生产方面的权利和义务。未经安全生产教育和培训合格的从业人员，不得上岗作业。

（5）生产经营单位应当安排用于配备劳动防护用品、进行安全生产培训的经费。

4. 从业人员的安全生产权利义务

（1）生产经营单位与从业人员订立的劳动合同，应当载明有关保障从业人员劳动安全、防止职业危害的事项，以及依法为从业人员办理工伤保险的事项。生产经营单位不得以任何形式与从业人员订立协议，免除或者减轻其对从业人员因生产安全事故伤亡依法应承担的责任。

（2）生产经营单位的从业人员有权了解其作业场所和工作岗位存在的危险因素、防范措施及事故应急措施，有权对本单位的安全生产工作提出建议。

（3）从业人员发现直接危及人身安全的紧急情况时，有权停止作业或者在采取可能的应急措施后撤离作业场所。生产经营单位不得因从业人员在上述紧急情况下停止作业或者采取紧急撤离措施而降低其工资、福利等待遇或者解除与其订立的劳动合同。

（4）因生产安全事故受到损害的从业人员，除依法享有工伤保险外，依照有关民事法律尚有获得赔偿的权利的，有权向本单位提出赔偿要求。

（5）从业人员在作业过程中，应当严格遵守本单位的安全生产规章制度和操作规程，服从管理，正确佩戴和使用劳动防护用品。

（6）从业人员应当接受安全生产教育和培训，掌握本职工作所需的安全生产知识，提高安全生产技能，增强事故预防和应急处理能力。

四、《消防法》

1.《消防法》的制定目的

《消防法》的立法目的是预防火灾和减少火灾危害，加强应急救援工作，保护人身、财产安全，维护公共安全。

2. 消防工作的方针和原则

消防工作贯彻预防为主、防消结合的方针，按照政府统一领导、部门依法监管、单位全面负责、公民积极参与的原则，实行消防安全责任制，建立健全社会化的消防工作网络。

任何单位和个人都有维护消防安全、保护消防设施、预防火灾、报告火警的义务。任何单位和成年人都有参加有组织的灭火工作的义务。

3. 火灾预防

（1）生产、储存、经营易燃易爆危险品的场所不得与居住场所设置在同一建筑物内，并应当与居住场所保持安全距离。生产、储存、经营其他物品的场所与居住场所设置在同一建筑物内的，应当符合国家工程建设消防技术标准。

（2）禁止在具有火灾、爆炸危险的场所吸烟、使用明火。因施工等特殊情况需要使用明火作业的，应当按照规定事先办理审批手续，采取相应的消防安全措施；作业人员应当遵守消防安全规定。进行电焊、气焊等具有火灾危险作业的人员和自动消防系统的操作人员，必须持证上岗，并遵守消防安全操作规程。

（3）生产、储存、运输、销售、使用、销毁易燃易爆危险品，必须执行消防技术标准和管理规定。进入生产、储存易燃易爆危险品的场所，必须执行消防安全规定。禁止非法携带易燃易爆危险品进入公共场所或者乘坐公共交通工具。储存可燃物资仓库的管理，必须执行消防技术标准和管理规定。

（4）消防产品必须符合国家标准；没有国家标准的，必须符合行业标准。禁止生产、销售或者使用不合格的消防产品以及国家明令淘汰的消防产品。

4. 消防组织

（1）机关、团体、企业、事业等单位以及村民委员会、居民委员会根据需要，建立志愿消防队等多种形式的消防组织，开展群众性自防自救工作。

（2）消防救援机构应当对专职消防队、志愿消防队等消防组织进行业务指导；根据扑救火灾的需要，可以调动指挥专职消防队参加火灾扑救工作。

5. 灭火救援

（1）任何人发现火灾都应当立即报警。任何单位、个人都应当无偿为报警提供便利，不得阻拦报警。严禁谎报火警。

（2）人员密集场所发生火灾，该场所的现场工作人员应当立即组织、引导在场人员疏散。任何单位发生火灾，必须立即组织力量扑救。邻近单位应当给予支援。

（3）消防救援机构统一组织和指挥火灾现场扑救，应当优先保障遇险人员的生命安全。

（4）火灾现场总指挥根据扑救火灾的需要，有权决定下列事项：

1）使用各种水源。

2）截断电力、可燃气体和可燃液体的输送，限制用火用电。

3）划定警戒区，实行局部交通管制。

4）利用邻近建筑物和有关设施。

5）为了抢救人员和重要物资，防止火势蔓延，拆除或者破损毗邻火灾现场的建筑物、构筑物或者设施等。

6）调动供水、供电、供气、通信、医疗救护、交通运输、环境保护等有关单位协助灭火救援。

6. 法律责任

有下列行为之一的,依照《中华人民共和国治安管理处罚法》的规定处罚：

（1）违反有关消防技术标准和管理规定生产、储存、运输、销售、使用、销毁易燃易爆危险品的。

（2）非法携带易燃易爆危险品进入公共场所或者乘坐公共交通工具的。

（3）谎报火警的。

（4）阻碍消防车、消防艇执行任务的。

（5）阻碍消防救援机构的工作人员依法执行职务的。

五、《突发事件应对法》

1.《突发事件应对法》的制定目的

《突发事件应对法》的立法目的是预防和减少突发事件的发生,控制、减轻和消除突发事件引起的严重社会危害,规范突发事件应对活动,保护人民生命财产安全,维护国家安全、公共安全、环境安全和社会秩序。

2.《突发事件应对法》的适用范围

突发事件的预防与应急准备、监测与预警、应急处置与救援、事后恢复与重建等应对活动,适用《突发事件应对法》。

《突发事件应对法》所称突发事件,是指突然发生,造成或者可能造成严重社会危害,需要采取应急处置措施予以应对的自然灾害、事故灾难、公共卫生事件和社会安全事件。按照社会危害程度、影响范围等因素,自然灾害、事故灾难、公共卫生事件分为特别重大、重大、较大和一般四级。法律、行政法规或者国务院另有规定的,从其规定。突发事件的分级标准由国务院或者国务院确定的部门制定。

3. 预防与应急准备

（1）应急预案应当根据《突发事件应对法》和其他有关法律、法规的规定,针对突发事件的性质、特点和可能造成的社会危害,具体规定突发事件应急管理工作的组织指挥体系与职责和突发事件的预防与预警机制、处置程序、应急保障措施以及事后恢复与重建措施等内容。

（2）所有单位应当建立健全安全管理制度,定期检查本单位各项安全防范措施的落实情况，及时消除事故隐患；掌握并及时处理本单位存在的可能引发社会安全事件的问题，防止矛盾激化和事态扩大；对本单位可能发生的突发事件和采取安全防范措施的情况，应当按照规定及时向所在地人民政府或者人民政府有关部门报告。

4. 监测与预警

获悉突发事件信息的公民、法人或者其他组织，应当立即向所在地人民政府、有关主管部门或者指定的专业机构报告。

5. 应急处置与救援

（1）突发事件发生后，履行统一领导职责或者组织处置突发事件的人民政府应当针对其性质、特点和危害程度，立即组织有关部门，调动应急救援队伍和社会力量，依照《突发事件应对法》的规定和有关法律、法规、规章的规定采取应急处置措施。

（2）任何单位和个人不得编造、传播有关突发事件事态发展或者应急处置工作的虚假信息。

（3）突发事件发生地的公民应当服从人民政府、居民委员会、村民委员会或者所属单位的指挥和安排，配合人民政府采取的应急处置措施，积极参加应急救援工作，协助维护社会秩序。

6. 事后恢复与重建

公民参加应急救援工作或者协助维护社会秩序期间，其在本单位的工资待遇和福利不变；表现突出、成绩显著的，由县级以上人民政府给予表彰或者奖励。

7. 法律责任

（1）违反《突发事件应对法》规定，编造并传播有关突发事件事态发展或者应急处置工作的虚假信息，或者明知是有关突发事件事态发展或者应急处置工作的虚假信息而进行传播的，责令改正，给予警告；造成严重后果的，依法暂停其业务活动或者吊销其执业许可证；负有直接责任的人员是国家工作人员的，还应当对其依法给予处分；构成违反治安管理行为的，由公安机关依法给予处罚。

（2）单位或者个人违反《突发事件应对法》规定，不服从所在地人民政府及其有关部门发布的决定、命令或者不配合其依法采取的措施，构成违反治安管理行为的，由公安机关依法给予处罚。

（3）单位或者个人违反《突发事件应对法》规定，导致突发事件发生或者危害扩大，给他人人身、财产造成损害的，应当依法承担民事责任。

（4）违反《突发事件应对法》规定，构成犯罪的，依法追究刑事责任。

六、《消费者权益保护法》

1.《消费者权益保护法》的制定目的

《消费者权益保护法》的立法目的是保护消费者的合法权益，维护社会经济秩序，促进社会主义市场经济健康发展。

2.《消费者权益保护法》的适用范围

消费者为生活消费需要购买、使用商品或者接受服务，其权益受《消费者权益保护法》保护；《消费者权益保护法》未作规定的，受其他有关法律、法规保护。

经营者为消费者提供其生产、销售的商品或者提供服务，应当遵守《消费者权益保护法》；《消费者权益保护法》未作规定的，应当遵守其他有关法律、法规。

3. 消费者的权利

（1）消费者在购买、使用商品和接受服务时享有人身、财产安全不受损害的权利。

（2）消费者有权要求经营者提供的商品和服务，符合保障人身、财产安全的要求。

（3）消费者享有知悉其购买、使用的商品或者接受的服务的真实情况的权利。

（4）消费者享有自主选择商品或者服务的权利。

（5）消费者享有公平交易的权利。

（6）消费者因购买、使用商品或者接受服务受到人身、财产损害的，享有依法获得赔偿的权利。

（7）消费者在购买、使用商品和接受服务时，享有人格尊严、民族风俗习惯得到尊重的权利，享有个人信息依法得到保护的权利。

4. 经营者的义务

（1）经营者向消费者提供商品或者服务，应当依照《消费者权益保护法》和其他有关法律、法规的规定履行义务。

（2）经营者应当听取消费者对其提供的商品或者服务的意见，接受消费者的监督。

（3）经营者应当保证其提供的商品或者服务符合保障人身、财产安全的要求。

（4）经营者发现其提供的商品或者服务存在缺陷，有危及人身、财产安全危险的，应当立即向有关行政部门报告和告知消费者，并采取停止销售、警示、召回、无害化处理、销毁、停止生产或者服务等措施。采取召回措施的，经营者应当承担消费者因商品被召回支出的必要费用。

（5）经营者向消费者提供有关商品或者服务的质量、性能、用途、有效期限等信息，应当真实、全面，不得作虚假或者引人误解的宣传。

（6）经营者对消费者就其提供的商品或者服务的质量和使用方法等问题提出的询问，应当作出真实、明确的答复。

（7）经营者及其工作人员对收集的消费者个人信息必须严格保密，不得泄露、出售或者非法向他人提供。

5. 争议的解决

（1）消费者和经营者发生消费者权益争议的，可以通过下列途径解决：

1）与经营者协商和解。

2）请求消费者协会或者依法成立的其他调解组织调解。

3）向有关行政部门投诉。

4）根据与经营者达成的仲裁协议提请仲裁机构仲裁。

5）向人民法院提起诉讼。

（2）消费者在购买、使用商品时，其合法权益受到损害的，可以向销售者要求赔偿。

（3）消费者或者其他受害人因商品缺陷造成人身、财产损害的，可以向销售者要求赔偿，也可以向生产者要求赔偿。

（4）消费者在接受服务时，其合法权益受到损害的，可以向服务者要求赔偿。

（5）消费者通过网络交易平台购买商品或者接受服务，其合法权益受到损害的，可以向销售者或者服务者要求赔偿。网络交易平台提供者不能提供销售者或者服务者的真实名称、地址和有效联系方式的，消费者也可以向网络交易平台提供者要求赔偿；网络交易平台提供者作出更有利于消费者的承诺的，应当履行承诺。网络交易平台提供者赔偿后，有权向销售者或者服务者追偿。

网络交易平台提供者明知或者应知销售者或者服务者利用其平台侵害消费者合法权益，未采取必要措施的，依法与该销售者或者服务者承担连带责任。

6. 法律责任

（1）经营者提供商品或者服务有下列情形之一的，除《消费者权益保护法》另有规定外，应当依照其他有关法律、法规的规定，承担民事责任：

1）商品或者服务存在缺陷的。

2）不具备商品应当具备的使用性能而出售时未作说明的。

3）不符合在商品或者其包装上注明采用的商品标准的。

4）不符合商品说明、实物样品等方式表明的质量状况的。

5）生产国家明令淘汰的商品或者销售失效、变质的商品的。

6）销售的商品数量不足的。

7）服务的内容和费用违反约定的。

8）对消费者提出的修理、重作、更换、退货、补足商品数量、退还货款和服务费用或者赔偿损失的要求，故意拖延或者无理拒绝的。

9）法律、法规规定的其他损害消费者权益的情形。

（2）经营者侵害消费者的人格尊严、侵犯消费者人身自由或者侵害消费者个人信息依法得到保护的权利的，应当停止侵害、恢复名誉、消除影响、赔礼道歉，并赔偿损失。

（3）经营者以预收款方式提供商品或者服务的，应当按照约定提供。未按照约定提供的，应当按照消费者的要求履行约定或者退回预付款；并应当承担预付款的利息、消费者必须支付的合理费用。

（4）依法经有关行政部门认定为不合格的商品，消费者要求退货的，经营者应当负责退货。

七、《道路交通安全法》

1.《道路交通安全法》的制定目的

《道路交通安全法》的立法目的是维护道路交通秩序，预防和减少交通事故，保护人身安全，保护公民、法人和其他组织的财产安全及其他合法权益，提高通行效率。

2.《道路交通安全法》的适用范围

中华人民共和国境内的车辆驾驶人、行人、乘车人以及与道路交通活动有关的单位和个人，都应当遵守《道路交通安全法》。

3. 车辆和驾驶人

（1）依法应当登记的非机动车，经公安机关交通管理部门登记后，方可上道路行驶。非机动车的外形尺寸、质量、制动器、车铃和夜间反光装置，应当符合非机动车安全技术标准。

（2）驾驶机动车，应当依法取得机动车驾驶证。

（3）机动车驾驶人应当遵守道路交通安全法律、法规的规定，按照操作规范安全驾驶、文明驾驶。

4. 道路通行条件

（1）全国实行统一的道路交通信号。交通信号包括交通信号灯、交通标志、交通标线和交通警察的指挥。

（2）交通信号灯由红灯、绿灯、黄灯组成。红灯表示禁止通行，绿灯表示准许通行，黄灯表示警示。

（3）任何单位和个人不得擅自设置、移动、占用、损毁交通信号灯、交通标志、交通标线。

（4）未经许可，任何单位和个人不得占用道路从事非交通活动。

5. 道路通行规定

（1）机动车、非机动车实行右侧通行。

（2）根据道路条件和通行需要，道路划分为机动车道、非机动车道和人行道的，机动车、非机动车、行人实行分道通行。没有划分机动车道、非机动车道和人行道的，机动车在道路中间通行，非机动车和行人在道路两侧通行。

（3）道路划设专用车道的，在专用车道内，只准许规定的车辆通行，其他车辆不得进入专用车道内行驶。

（4）车辆、行人应当按照交通信号通行；遇有交通警察现场指挥时，应当按照交通警察的指挥通行；在没有交通信号的道路上，应当在确保安全、畅通的原则下通行。

6. 非机动车通行规定

（1）驾驶非机动车在道路上行驶应当遵守有关交通安全的规定。非机动车应当在非机动车道内行驶；在没有非机动车道的道路上，应当靠车行道的右侧行驶。

（2）残疾人机动轮椅车、电动自行车在非机动车道内行驶时，最高时速不得超过十五公里。

（3）非机动车应当在规定地点停放。未设停放地点的，非机动车停放不得妨碍其他车辆和行人通行。

7. 交通事故处理

（1）在道路上发生交通事故，车辆驾驶人应当立即停车，保护现场；造成人身伤亡的，车辆驾驶人应当立即抢救受伤人员，并迅速报告执勤的交通警察或者公安机关交通管理部门。因抢救受伤人员变动现场的，应当标明位置。乘车人、过往车辆驾驶人、过往行人应当予以协助。

（2）在道路上发生交通事故，未造成人身伤亡，当事人对事实及成因无争议的，可以即行撤离现场，恢复交通，自行协商处理损害赔偿事宜；不即行撤离现场的，应当迅速报告执勤的交通警察或者公安机关交通管理部门。

（3）在道路上发生交通事故，仅造成轻微财产损失，并且基本事实清楚的，当事人应当先撤离现场再进行协商处理。

（4）车辆发生交通事故后逃逸的，事故现场目击人员和其他知情人员应当向公安机关交通管理部门或者交通警察举报。举报属实的，公安机关交通管理部门应当给予奖励。

8. 法律责任

（1）对道路交通安全违法行为的处罚种类包括：警告、罚款、暂扣或者吊销机动车驾驶证、拘留。

（2）行人、乘车人、非机动车驾驶人违反道路交通安全法律、法规关于道路通行规定的，处警告或者五元以上五十元以下罚款；非机动车驾驶人拒绝接受罚款处罚的，可以扣留其非机动车。

八、《邮政法》

1.《邮政法》的制定目的

《邮政法》的立法目的是保障邮政普遍服务，加强对邮政市场的监督管理，维护邮政通信与信息安全，保护通信自由和通信秘密，保护用户合法权益，促进邮政业健康发展，适应经济社会发展和人民生活需要。

2.《邮政法》的适用范围

《邮政法》所称邮政普遍服务，是指按照国家规定的业务范围、服务标准，以合理的资费标准，为中华人民共和国境内所有用户持续提供的邮政服务。公民的通信自由和通信秘密受法律保护。

3. 快递业务

（1）经营快递业务，应当依照《邮政法》规定取得快递业务经营许可；未经许可，任何单位和个人不得经营快递业务。外商不得投资经营信件的国内快递业务。

国内快递业务，是指从收寄到投递的全过程均发生在中华人民共和国境内的快递业务。

（2）申请快递业务经营许可，应当具备下列条件：

1）符合企业法人条件。

2）在省、自治区、直辖市范围内经营的，注册资本不低于人民币五十万元，跨省、自治区、直辖市经营的，注册资本不低于人民币一百万元，经营国际快递业务的，注册资本不低于人民币二百万元。

3）有与申请经营的地域范围相适应的服务能力。

4）有严格的服务质量管理制度和完备的业务操作规范。

5）有健全的安全保障制度和措施。

6）法律、行政法规规定的其他条件。

（3）申请快递业务经营许可，在省、自治区、直辖市范围内经营的，应当向所在地的省、自治区、直辖市邮政管理机构提出申请，跨省、自治区、直辖市经营或者经营国际快递业务的，应当向国务院邮政管理部门提出申请；申请时应当提交申请书和有关申请材料。

受理申请的邮政管理部门应当自受理申请之日起四十五日内进行审查，作出批准或者不予批准的决定。予以批准的，颁发快递业务经营许可证；不予批准的，书面通知申请人并说明理由。

邮政管理部门审查快递业务经营许可的申请，应当考虑国家安全等因素，并征求有关部门的意见。

申请人凭快递业务经营许可证向工商行政管理部门依法办理登记后，方可经营快递业务。

（4）邮政企业以外的经营快递业务的企业（以下称快递企业）设立分支机构或者合并、分立的，应当向邮政管理部门备案。

（5）快递企业不得经营由邮政企业专营的信件寄递业务，不得寄递国家机关公文。

（6）快递企业经营邮政企业专营业务范围以外的信件快递业务，应当在信件封套的显著位置标注信件字样。

快递企业不得将信件打包后作为包裹寄递。

（7）经营国际快递业务应当接受邮政管理部门和有关部门依法实施的监管。邮政管理部门和有关部门可以要求经营国际快递业务的企业提供报关数据。

（8）快递企业停止经营快递业务的，应当书面告知邮政管理部门，交回快递业务经营许可证,并对尚未投递的快件按照国务院邮政管理部门的规定妥善处理。

(9)经营快递业务的企业依法成立的行业协会,依照法律、行政法规及其章程规定,制定快递行业规范,加强行业自律,为企业提供信息、培训等方面的服务,促进快递行业的健康发展。

经营快递业务的企业应当对其从业人员加强法制教育、职业道德教育和业务技能培训。

九、《食品安全法》

1.《食品安全法》的制定目的

《食品安全法》的立法目的是保证食品安全,保障公众身体健康和生命安全。

2.《食品安全法》的适用范围

在中华人民共和国境内从事下列活动,应当遵守《食品安全法》:

(1)食品生产和加工(以下称食品生产),食品销售和餐饮服务(以下称食品经营)。

(2)食品添加剂的生产经营。

(3)用于食品的包装材料、容器、洗涤剂、消毒剂和用于食品生产经营的工具、设备(以下称食品相关产品)的生产经营。

(4)食品生产经营者使用食品添加剂、食品相关产品。

(5)食品的贮存和运输。

(6)对食品、食品添加剂、食品相关产品的安全管理。

供食用的源于农业的初级产品(以下称食用农产品)的质量安全管理,遵守《中华人民共和国农产品质量安全法》的规定。但是,食用农产品的市场销售、有关质量安全标准的制定、有关安全信息的公布和《食品安全法》对农业投入品作出规定的,应当遵守《食品安全法》的规定。

3. 食品安全标准

食品安全标准应当包括下列内容:

(1)食品、食品添加剂、食品相关产品中的致病性微生物,农药残留、兽药残留、生物毒素、重金属等污染物质以及其他危害人体健康物质的限量规定。

(2)食品添加剂的品种、使用范围、用量。

(3)专供婴幼儿和其他特定人群的主辅食品的营养成分要求。

(4)对与卫生、营养等食品安全要求有关的标签、标志、说明书的要求。

（5）食品生产经营过程的卫生要求。

（6）与食品安全有关的质量要求。

（7）与食品安全有关的食品检验方法与规程。

4. 食品生产经营

（1）贮存、运输和装卸食品的容器、工具和设备应当安全、无害，保持清洁，防止食品污染，并符合保证食品安全所需的温度、湿度等特殊要求，不得将食品与有毒、有害物品一同贮存、运输。

（2）直接入口的食品应当使用无毒、清洁的包装材料、餐具、饮具和容器。

（3）食品生产经营人员应当保持个人卫生，生产经营食品时，应当将手洗净，穿戴清洁的工作衣帽等；销售无包装的直接入口食品时，应当使用无毒、清洁的容器、售货工具和设备。

（4）食品生产经营者应当建立并执行从业人员健康管理制度。患有国务院卫生行政部门规定的有碍食品安全疾病的人员，不得从事接触直接入口食品的工作。从事接触直接入口食品工作的食品生产经营人员应当每年进行健康检查，取得健康证明后方可上岗工作。

（5）食品生产企业应当就下列事项制定并实施控制要求，保证所生产的食品符合食品安全标准：

1）原料采购、原料验收、投料等原料控制。

2）生产工序、设备、贮存、包装等生产关键环节控制。

3）原料检验、半成品检验、成品出厂检验等检验控制。

4）运输和交付控制。

（6）网络食品交易第三方平台提供者应当对入网食品经营者进行实名登记，明确其食品安全管理责任；依法应当取得许可证的，还应当审查其许可证。

网络食品交易第三方平台提供者发现入网食品经营者有违反《食品安全法》规定行为的，应当及时制止并立即报告所在地县级人民政府食品安全监督管理部门；发现严重违法行为的，应当立即停止提供网络交易平台服务。

5. 标签、说明书和广告

（1）预包装食品的包装上应当有标签。标签应当标明下列事项：

1）名称、规格、净含量、生产日期。

2）成分或者配料表。

3）生产者的名称、地址、联系方式。

4）保质期。

5）产品标准代号。

6）贮存条件。

7）所使用的食品添加剂在国家标准中的通用名称。

8）生产许可证编号。

9）法律、法规或者食品安全标准规定应当标明的其他事项。

（2）食品经营者销售散装食品，应当在散装食品的容器、外包装上标明食品的名称、生产日期或者生产批号、保质期以及生产经营者名称、地址、联系方式等内容。

6. 特殊食品

国家对保健食品、特殊医学用途配方食品和婴幼儿配方食品等特殊食品实行严格监督管理。

7. 进出口食品

国家出入境检验检疫部门对进出口食品安全实施监督管理。

培训模块 二
网约配送知识

培训项目1　网约配送员行为规范
培训项目2　网约配送业务基础

培训项目 1 网约配送员行为规范

一、网约配送员礼貌用语

1. 基本礼貌用语

（1）服务十字箴言：您好、请、对不起、谢谢、再见。

（2）称呼语：先生、女士等，老人称为"您老"，儿童称为"小朋友"。

（3）欢迎语：欢迎您使用××网络平台订餐。

（4）问候语：您好、早上（下午、晚上）好。

（5）祝福语：祝您生活愉快、祝您新年快乐、祝您生日快乐、祝您纪念日快乐。

（6）告别语：再见、欢迎再次订餐、晚安、祝您用餐愉快。

（7）道歉语：对不起、对不起打扰您了、对不起让您久等了。

（8）道谢语：谢谢理解、感谢您的配合、非常感谢。

（9）应答语：不客气、这是我应该做的、好的、我明白了。

（10）征询语：请问有什么可以帮助您的？

2. 情景礼貌用语

（1）在餐厅处

1）进入餐厅。"您好，我是××外卖配送员，来这里取餐。"

2）催餐。"您好，请帮我催一下餐，客户的用餐时间快到了，谢谢。"

3）验餐。清点餐品的同时，如果客户有特殊需求，要礼貌地跟餐厅人员索要："您好，客户想多要一包番茄酱，麻烦您多给我一份，非常感谢。"

4）离开餐厅。"谢谢您的配合，再见。"

注意：若出现出餐延迟现象，要先致电客户，表示歉意。例如："您好，我是××外卖配送员，您点的餐因餐厅出餐速度慢，我会迟到××分钟，不好意思，请您多等一会儿。"

（2）在客户处

1）打电话通知客户取餐。"您好，××外卖。您订的餐已经到了，麻烦您来取一下，谢谢。"

2）见到客户。"您好，××外卖。""请问您是××先生／女士吗？""这是您在××外卖点的餐，很高兴给您送餐。"

3）验餐时。"您好，这是您的餐品，请您查收。"

4）离开时。"祝您用餐愉快，欢迎您再次使用××外卖，再见。"

（3）异常问题用语

1）客户点的餐品餐厅没有了

配送员（本教材中网约配送员简称为配送员）应及时给客户打电话："您好，我是××外卖配送员，实在不好意思，您预订的××餐品商家已经卖完了，您是取消这个订单重新点餐还是我给您报几个同等价位的餐品，您挑选一下看有没有中意的，我给您换一个？"如客户要取消订单，应说："好的，不好意思，耽误您正常用餐了，欢迎您再使用××外卖。"如客户接受调换，要说："那我给您换成××，这边做好了我马上给您送过去，请您保持电话畅通，谢谢。"

2）出餐速度慢

第一时间联系客户，让客户做好心理准备，并询问餐厅菜品还需多久才能做好。

对餐厅可以说："您好，您能跟我说一下出餐的大概时间吗？我好联系客户，以免客户等着急了，辛苦您了。"

对客户可以说："您好，我是××外卖配送员，很抱歉，餐厅这边现在有点忙，刚刚您订的餐会有一定延迟，我尽量帮您催一下，这边出餐我会第一时间给您送过去，不好意思啊。"

3）客户发现错餐、漏餐

向客户道歉，并询问客户是申请退款还是补餐，如果补餐可以说："实在对不起，由于我的疏忽，为您拿错餐了，给您带来了不便，您看这样行吗，我立刻回去帮您重新取一份，以最快的速度给您送过来。"

4）送餐延迟

向客户道歉，主动、热情、面带微笑地说："对不起，由于××原因，给您送晚了，实在抱歉，下次我一定注意。"如客户不接受道歉，要虚心接受客户批评,极力安抚顾客情绪,禁止还口狡辩。

5)未超过配送时间,但是客户找理由要求退餐

此情况原则上是不接受退餐的,但如果客户执意退餐,请客户联系客服:"不好意思,这个情况建议您找外卖客服处理,让客服给您解决问题。"

6)已到达送餐地址但客户电话打不通

若电话打不通则发信息给客户:"您好,我是××外卖配送员,您的餐已送到,但是您的电话无法打通,我先去给别的客户送餐,如果您还需要餐品,请及时联系我,我会再给您送去,谢谢。"发完信息后可等待 5 min(为了不影响给其他客户配送,等待时间不能超过 5 min),若客户还未联系配送员,则配送员需要联系客服说明情况。

7)已到达送餐地址但是客户说暂时不方便取餐

配送员要说:"如果您现在不方便取餐,那我先去给别的客户送餐,等您方便的时候给我打电话,我再给您送来,谢谢。"

8)到客户处,出现发票问题

情况一:送餐时没有注明要发票,送到后客户索要发票。配送员可说:"不好意思,您在备注里没有说明需要发票,我就没帮您索要,您看我现在手头还有别的客户的餐要送,不能帮您回去取发票了,下次您需要发票记得备注。"

情况二:客户备注需要发票,送到时客户发现发票有误。配送员要说:"实在不好意思,这是我的疏忽,您看我现在手头还有一些单要送,现在回去取不太方便,等我忙过了这一阵就去餐厅给您更换,您方便的时候联系我,我给您送过来,您看行吗?"

9)用户地址难找,或不对

配送员要主动联系客户:"您好,我是××外卖配送员,实在不好意思,没有找到您标注的送餐地址,请问您的住址该怎么走,我立刻帮您送到,谢谢。"

10)送到后发现菜品洒汤

配送员要说:"实在对不起,为了早点给您送到,我快马加鞭地赶过来,路上颠了几下,把汤弄洒了,不好意思,下次肯定注意,这里有餐巾纸,我帮您擦擦。"

11)客户验餐时发现有异物

配送员要向客户道歉:"实在对不起,这个餐有问题,我会给商家退回去,您在订单界面申请退款,商家会退款给您,或者您重新在别的餐厅下单,我们会优先给您配送。您要是着急我就到最近的餐厅给您再买一份,别耽误您吃饭,您看

可以吗？"

禁止说："这问题也不大，您将就着吃，回头我跟餐厅反映一下让他们注意。"如果客户很愤怒，配送员一定要以笑脸相迎，耐心听客户发泄不满情绪，不许顶撞辱骂客户。

二、网约配送员仪容要求

1. 工装要求

（1）在工作场所应穿工作服装。

（2）工作服装应保持整洁卫生，无压褶。

（3）工作服装无破损，扣子无缺漏。

（4）工作服装的衣袖、裤管不要卷起，领扣应系好。

（5）工作服装上不应有头屑、发丝、油迹等。

（6）工作服装口袋里不能放体积大或容易看见的物品，如梳子、笔记本、香烟、化妆品、手机等。

（7）不要把钥匙挂在腰间，以免走动时发出声音。

2. 手部清洁

（1）勤洗手，保持双手清洁。

（2）指甲长度不超过指尖，指甲不可有黑边，不要涂指甲油。

3. 口腔清洁

（1）上岗前2h内不吃有异味的食物。

（2）勤刷牙，上岗前漱口，牙齿上无食物残留。

4. 身体清洁

（1）勤洗澡，保持良好体味。

（2）每日清洗面部，保持面部干净。

5. 面部和头发清洁

（1）不留胡须，坚持每天剃须。

（2）不留大鬓角。

（3）不留怪异发型。

（4）发长前不遮眉、侧不过耳、后不及领，头发应梳理整齐。

（5）头发清洗干净，鼻毛不外露。

6. 站姿

（1）与客户接触时不要倚墙靠桌、斜腰吊胯、叉腰、抱臂或将手插入裤袋。

（2）站立时不要来回晃动，要站稳。

7. 手势

（1）将配送商品递交给客户时应用双手。

（2）不允许用手指指点客户。

8. 精神面貌

配送员应表情自然、面带微笑、亲切和蔼、端庄稳重、落落大方、不卑不亢，在客户面前绷脸、噘嘴、扭扭捏捏、缩手缩脚等都是不恰当或不礼貌的。不要在客户面前打喷嚏、咳嗽、打哈欠、伸懒腰、抠鼻子、挖耳朵、挠头发、剔牙、打嗝、修指甲等。

培训项目 2

网约配送业务基础

一、网约配送工作流程

1. 工作前的准备

（1）车辆安全检查与要求

1）车身外观必须干净，车辆性能良好无故障。

2）所有车辆必须统一整齐地停放在停车区域。

3）换好电池，确保电池电量充足，并将备用电池充电。

4）检查刹车功能，检查车辆紧固件，检查导线。

5）每辆车子上都要准备好雨衣。

6）检查车辆挡风被、防风手套、锁具是否齐全无损。

（2）外卖箱的准备与检查

1）外卖箱外观要整洁。

2）外卖箱内要备有筷子和带公司标识的塑料袋。

3）外卖箱内干净、无异味、无杂物。

4）外卖箱内要备2~4个杯托。

（3）手机要求

手机电量充足，不关机，不停机，能正常上网。

（4）腰包的准备事项与检查

为了应对需要垫付的情况，每个配送员身上至少要有200元的备用金，其中100元为零钱，包括1张50元、4张10元、1张5元和5张1元。要备有手机充电宝和数据线。

（5）笔和本子

准备笔和本子，以便于记录客户的突发需求，如漏取发票时，用于记录发票抬头。

2. 等待接单过程

（1）关注手机App的订单信息，若等待时间超过1 h还没有收到订单要及时跟上级主管沟通，确认是否存在调度时被遗漏等情况。

（2）手机App接到订单信息后，检查订单信息是否存在异常，若无异常则抓紧时间配送，若有异常则及时报告上级主管。

（3）抢单或接收派单后规划好配送路线，应尽量抢顺路单，以提高配送效率。

（4）App操作动作：需要抢的订单要点击"抢单"，如果是系统或上级主管指派的单，配送员要点击"确认"。

3. 餐厅取餐过程

（1）根据手机App的订单信息安排线路，快速准确地到达指定的餐厅，车辆要停放在安全可靠的地方并上锁。

（2）到达餐厅时在App中点击"上报到店"，记录到店时间，以便后期产生纠纷时记录可查。到达餐厅后主动与服务员打招呼，并按照服务员的引导到指定区域取餐。

（3）订单的餐品未准备好时，配送员要根据餐厅人员的安排到指定区域等餐（等餐过程中不得影响餐厅的正常经营）。若等餐时间太长，配送员要灵活地与餐厅沟通进行催单。

（4）取完餐品之后要小心地将其放在外卖箱内，并向服务员多要一些筷子、纸巾、塑料袋。菜品较多时可直接把外卖箱带到餐厅取餐。

（5）离开餐厅时向餐厅相关人员表示感谢。

（6）取餐装车完成后，点击手机App客户端中"已取餐"选项，并与客户沟通大概送达的时间。

4. 为客户送餐过程

（1）骑行中不飙车，不逆行，遵守交通规则。

（2）送餐过程中要小心慢骑，到达客户处将车停放在安全区域并上锁。

（3）根据客户的地址把餐品送到客户手中，与客户进行交收。

（4）App操作动作：交收完成后，点击手机App里的送餐"已送达"选项，在客户未收到餐时不得提前点击"已送达"选项。

5. 下班注意事项

配送员下班后将自己使用的车辆停放到站点指定存放区并上锁，将外卖箱进行清理后放回指定的位置并摆放整齐。将电动车充电，以免影响第二天的工作。

App操作动作：将状态调为"收工"，停止接收订单。

二、配送特殊情况处理

1. 客户发现漏餐、错餐

向客户道歉："您好，对不起，由于我的疏忽，给您带来了不便，我立即帮您再取一份可以吗？"

2. 送餐延迟

向客户道歉，配送员要主动、热情："您好，对不起，由于今天单量较多，给您送晚了，实在抱歉。"

3. 客户找理由要求退餐

配送员应联系上级主管，根据实际情况进行处理。

4. 客户反映客户端上的菜品价格高于商家店内菜品价格

客户端上的价格不得高于商家堂食价格，如果有客户反映这种情况，要第一时间联系上级主管进行反馈。

5. 客户临时有事外出

配送员需要和客户做好解释（电话或短信）："由于您暂时不在家，我先去其他地方送餐，如果您还需要餐品，请及时联系我。"同时配送员要向上级主管说明情况。

6. 客户投诉有异物

向客户道歉，询问客户是退餐还是重新订一份。如果客户要求重做，则告知需要多长时间，同时通知商家立即重做。如果客户要求退餐，可建议其重新选择餐厅下单，会优先为其配送。

7. 餐到后，客户否认订餐或者客户地址有误

如果客户反馈没有订餐，要马上核对订单地址及联系方式，若联系不上，应立刻联系上级主管。

8. 到达客户处，其电话无法接通或无人接听

打电话超过3次联系不上则先发信息给客户："您好，我是外卖配送员，您的餐已送到，但是您的电话无法接通，如果您还需要餐品，请及时联系我，谢谢。"等待5 min后若客户还未回复可先去其他地方送餐，同时，联系上级主管说明情况。

9. 到达客户处，出现发票问题

（1）客户送餐时未注明要发票，送到后索要发票

配送员需要耐心解释："不好意思，我没有带，您看今天下午2点到5点我开后给您送过来，您方便吗？您的发票抬头是个人还是单位？"配送员需要提醒客户写出发票抬头。

（2）发票有误

配送员需要耐心解释："您好，很抱歉，这是我的疏忽，我马上到餐厅更换，请您稍等，今天下午2点到5点给您送过来。"

10. 客户地址难找，或客户地址不对

配送员要主动联系客户："您好，我是外卖配送员，不好意思，我送餐经验不够，问一下您的住址应该怎么走，我立刻帮您送到。"

11. 客户不方便取餐

配送员需要与客户沟通："如果您现在不方便取餐，那您方便的时候联系我，我会尽快给您送去，谢谢。"

12. 菜品洒出

如果菜品洒出严重，则视情况免收客户配送费，此费用应由配送员自己承担。

13. 餐厅里客户订单中的菜品没有了

配送员要第一时间与客户沟通，引导其换其他菜品。若客户执意取消订单，应听从其意愿，确保客户满意。

14. 出餐速度慢

配送员应询问餐厅菜品还需多久才能做好，并联系客户，让客户做好心理准备："您好，我是外卖配送员，很抱歉，由于餐厅出餐慢，刚刚您订的餐会有一定延迟，我将在××分钟内为您送达。"

15. 发生交通事故

配送员要保持冷静，报告上级主管，查看自己的伤势，然后检查餐品情况，等候上级主管意见。如果涉及交通事故，在未确定是哪方责任之前，不要盲目向他人承认过错，而要等待交警的处理。

16. 送餐途中交通工具丢失

配送员要保持冷静，立即报告上级主管，根据情况拨打110报警，等待警察处理。

培训模块 三
配送设备知识

培训项目 1　配送车辆使用与养护
培训项目 2　其他配送员装备

培训项目 1 配送车辆使用与养护

一、配送车辆使用规范

1. 配送自行车使用规范

（1）配送自行车骑行前应该保持机件完好，安全设施齐备，牌、证齐全。出发之前，应该先检查一下铃、锁、刹车、车轮、踏脚板、链条、撑脚、坐垫等是否完好有效。

（2）配送自行车在非机动车道内顺序行驶，严禁驶入机动车道。在没有划分非机动车道和机动车道的道路上，应尽量靠右行驶，不能在道路中间行驶，不要数车并行，不要逆向行驶。

（3）配送员骑车至路口，应主动让机动车先行。遇红灯停止信号时，应停在停止线或人行横道线以内。严禁用推行或绕行的方法闯红灯。

（4）配送员骑车转弯时，要伸手示意。左转弯时伸出左手示意；要选择前后暂无来往车辆时转弯，切不可在机动车驶近时急转猛拐，争道抢行；不要转小弯。

（5）配送员应按交通标志指定的地点和范围有秩序地停放自行车；在未设置交通标志的道路上停放时，不要影响车辆、行人的正常通行。

2. 配送电动自行车使用规范

（1）配送员在使用电动自行车前应仔细阅读使用说明书，熟悉电动自行车的性能。

（2）配送员骑行前做好车况检查，如有异常要及时联系运营企业的运维人员或专业维修人员，不可使用故障车辆。检查电源电路、照明电路等的状态，检查前后闸能否正常工作，检查车把及前后轮的紧固状态。

（3）国家规定，电动自行车的速度不能超过 25 km/h。电动自行车由于自身的原因，稳定性比较差，且缺乏必要的保护设施，高速行驶有很大危险。

（4）电动自行车作为非机动车，应在非机动车道行驶。因道路条件限制，许多道路无非机动车道，或非机动车道被违停车辆占据，这时就要尽量靠路边行驶，不要与机动车抢道。特别是雨雪天气，由于视线受影响，机动车驾驶员对车辆两侧情况的观察比平时要差很多，导致应急处置能力下降，往往会造成安全隐患。

（5）电动自行车右转时一定要打右转向灯，并且留意左后方的机动车情况，尽量远离大型机动车。电动自行车左转时要打左转向灯，留意左后方机动车的行驶情况，尽量避免夹在两辆机动车之间。

（6）发生交通事故时，要记住肇事车辆的牌号、车辆特征（车身颜色、车型或其他特征）和驾驶人的相貌、穿着等特点，迅速拨打110或者122报警，需抢救伤员的要拨打120急救电话。报警时，要说明报警人的姓名、单位、联系电话、发生交通事故的时间和地点、车辆类型、车辆牌号、是否载有危险物品、人员伤亡等简要情况，涉嫌交通肇事逃逸的，还要详细说明车辆的颜色、特征及逃逸方向等，并保护好现场，及时抢救伤员。人员要迅速撤离至事故现场的安全地带，不要围观，应听候交通警察的处理。

（7）电动自行车应在规定地点停放，不要停放在建筑门厅、疏散楼梯、走道和安全出口处，停放时不得妨碍其他车辆和行人通行。

3. 配送电动摩托车使用规范

（1）配送电动摩托车必须经过车辆管理机关检验合格，有号牌、行驶证。号牌须按要求安装并保持清晰，号牌和行驶证不准转借、涂改或伪造。

（2）在使用前必须检查车况是否良好，如发现问题要及时维修。

（3）配送电动摩托车实行专人使用、专人负责的原则，配送员须持有交通部门发放的驾驶证，严禁无证驾驶电动摩托车。

（4）饮酒后不准驾驶电动摩托车。不准驾驶安全设备不全或机件失灵的电动摩托车。不准驾驶不符合装载规定的电动摩托车。在患有妨碍安全行车的疾病或过度疲劳时，不准驾驶电动摩托车。

（5）不准在驾驶电动摩托车时吸烟、饮食、闲谈、接听或拨打手机，或有其他妨碍安全行车的行为。

（6）配送电动摩托车必须保持车况良好，车容整洁，制动器、转向器、喇叭、灯光装置必须保持安全有效。

（7）驾驶电动摩托车的配送员须戴好安全头盔，驾驶电动摩托车时手柄上不准悬挂物品，后架不能携带超宽、超高、超重物品。

（8）配送员每日下班后若无特殊原因，须将车辆停入指定区域，同时加挂大锁、车锁。

二、配送车辆维护保养

1. 骑行前检查

每日骑行前，应对配送车辆的行驶系统、电气系统（电动自行车、电动摩托车）进行检查，如有异常应及时进行维修或找专业人员维修。

（1）行驶系统

1）检查轮胎气压是否充足。

2）检查轮胎上是否嵌入石块、钉子、玻璃等尖锐物品。

3）分别检查左右刹把操纵是否良好。

4）检查制动性能有无异常，有无刹车松软、制动距离长、刹车片磨损、制动液面低或漏液等异常现象。

（2）电气系统

1）接通电源，查看仪表显示是否正常。

2）操作照明及转向灯开关，查看前灯、尾灯、转向灯是否正常。

3）检查电动机和刹把断电工作是否正常。

2. 季度保养

每季度应对配送车辆的工作状况进行检查并维护，如有异常应及时进行维修或找专业人员维修。

（1）机械系统

1）检查转动部件，如车把、中轴、前后轮轮轴是否松动。

2）检查运动部件，如外胎是否磨损。

3）检查结构部件，如车架、前叉、轮辋是否变形。

4）检查紧固件，如前后轮螺母、车把螺母、平叉螺母是否松动。

5）检查制动部件，如刹车片是否磨损。

（2）电气系统（电动自行车、电动摩托车）

1）检查灯泡、喇叭等功能是否正常。

2）检查蓄电池是否正常，是否松动。

3）检查电路是否正常。

4）检查充电器外壳是否完好，电源线有无磨损或开裂。

3. 年度保养

每年应对配送车辆关键零部件进行更换，并检测电气性能（电动自行车、电动摩托车）；如有异常应及时进行维修或找专业人员维修。

（1）检测绝缘电阻。

（2）检查全部电路，观察有无异常现象。

（3）检测刹车系统，必要时更换刹车片。

（4）对关键紧固件加以紧固，包括前后轮螺母、车把螺母、平叉螺母。

（5）对蓄电池进行充放电检查。

4. 报废

（1）配送电动自行车的报废期限是 3 年，或行驶 100 000 km。

（2）有下列情形之一的，配送电动摩托车应当报废：

1）累计行驶里程达到 100 000 km。

2）使用年限达到 5 年以上，且车况较差，经评估无法继续使用。

3）车辆严重损坏且无法修复。

培训项目 2

其他配送员装备

一、配送员头盔

1. 头盔的结构

配送员自行车头盔由骨架和外壳两部分组成。电动自行车、电动摩托车头盔根据用途共分四种。1/2 盔的帽体保护范围不包括耳部；3/4 盔的帽体保护范围延长到耳部；开式盔比 3/4 盔的侧面更向下延长；这三种头盔统称半盔。专业的配送员头盔一般采用全盔，全盔的帽体保护范围包括眼、面及下颌部分，其壳体与护颌部件为一体结构，分为夏季头盔和冬季头盔，如图 3-1 所示。

图 3-1 配送员头盔

2. 头盔使用规范

（1）头盔壳体应使用质地坚硬、耐用、能吸收较多冲击能量的材料制成；缓冲层应使用能吸收较多碰撞能量、无毒、无害的材料制成，且能覆盖头部保护区；衬垫应用吸汗、透气材料制成；佩戴装置要保证头盔与头部接触牢靠；护目镜由满足透光性能和冲击力的材料制成，透光率不小于85%。

（2）头盔的重量和视野要求。全盔重量小于1.6 kg，半盔重量小于1.3 kg。左右水平视野大于105°，上视野大于7°。

（3）头盔上必须有固定的标志，如产品名称、生产厂名和厂址、商标、产品种类、产品型号和规格、生产日期、产品批号或编号。

（4）头盔按头围分大、中、小号三个规格，大号为580~600 mm，中号为560~580 mm，小号为540~560 mm，购买头盔时必须根据自己的头围选择合适的号码。

（5）戴上新头盔后，首先要前后晃动头盔，保证头盔不会轻易移动；然后要左右转动头盔，头盔的内壁应该紧贴配送员的脸颊。如果头盔配有颊带，可打开颊带进行调节，使两条带子分别位于耳朵两侧。如果颊带过长，可打开并移去防磨套，调节至合适长度，再将防磨套装上。注意咽喉处的带子不要过紧，以保证呼吸顺畅。

（6）禁止使用发生过较大撞击事故的头盔。

（7）各网约配送平台商城中可以直接购买或通过活动积分兑换网约配送专用头盔，如图3-2所示。

二、配送保温餐箱

1. 配送保温餐箱特点

配送保温餐箱具有长效保温、易清洗、容量大等特点，如图3-3所示。

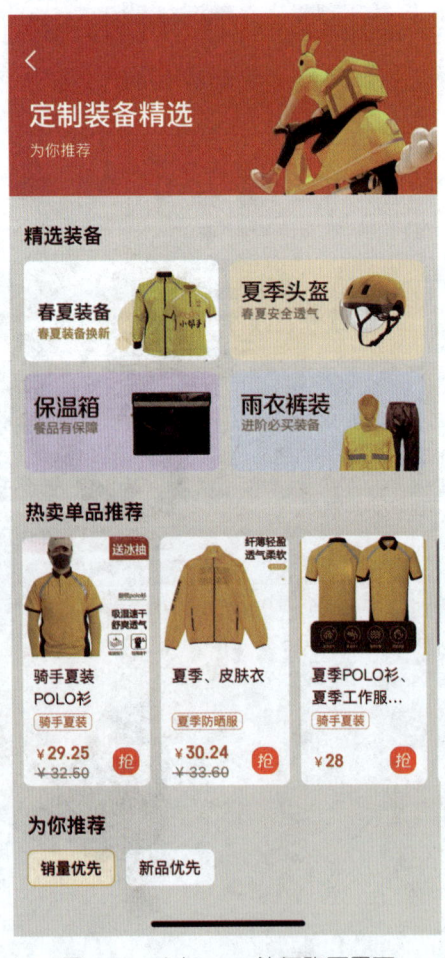

图3-2 众包App头盔购买界面

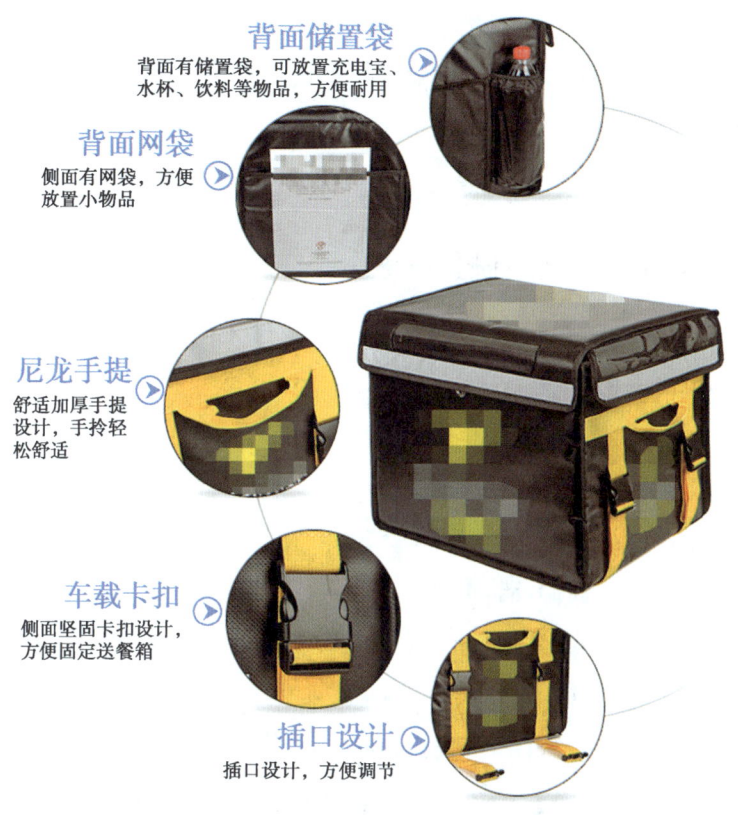

图 3-3　配送保温餐箱及配件

2. 配送保温餐箱清洗消毒规范

（1）清洗消毒目的

为保证配送餐品的卫生、安全，避免因餐箱未及时清洗消毒造成箱内餐品二次污染，配送员或相关人员应定期对餐箱进行清洗消毒。

（2）清洗消毒工具

1）水桶：内外抹布水桶做颜色区分，按 15 人 / 桶的比例配置。

2）抹布：内抹布为白色，外抹布为黄色，按 2 块 / 人的要求配置。

3）消毒用品：75% 医用酒精。

4）消毒喷壶：内装消毒用品，按 15 人 / 喷壶的比例配置。

（3）清洗消毒步骤

1）打开餐箱，清理箱内杂物。

2）将干净的内外抹布分别放于不同的清水桶内浸湿。

3）用拧干的内抹布对箱内擦拭，擦拭顺序为先四周后底部再箱盖内部。

4）用拧干的外抹布对箱外擦拭，擦拭顺序为先顶部后四周再底部。

5）反复进行擦拭，直到餐箱内外无油污、无灰尘、无异物。

6）用装有75%医用酒精的喷壶对餐箱的内外部进行喷洒消毒。

7）消毒完毕后，打开箱盖通风、晾干。

8）抹布使用完后须清洗、晾晒，并整齐放置于物料区。

三、智能手机和蓝牙耳机

1. 智能手机

（1）智能手机常用设置

智能手机常用设置包括：网络开关、显示和字体大小、声音、输入法、应用下载开关、下拉通知栏快捷开关、授权管理、本机信息。

（2）智能手机网络

智能手机操作中会使用两种网络，Wi-Fi和手机卡数据流量。

Wi-Fi是一种允许电子设备连接到一个无线局域网的技术，一般会设置密码。Wi-Fi信号是由家庭、办公室或者公共场所的无线路由器发射的，手机可以接收，通过密码验证后就可以上网了。Wi-Fi信号有覆盖距离的限制，取决于无线发射设备的功率和环境，一般室内设备是20～30 m，若房间阻隔多，信号就会受到影响。

手机卡数据流量是运营商提供的流量套餐，费用包含在月租费中，超出部分的流量要另外收费。在提供免费Wi-Fi的公共场所，应尽量连接到免费Wi-Fi，在没有免费Wi-Fi时可使用手机卡数据流量。

（3）手机应用

手机应用分为很多类，有手机管理类（如应用市场、清理大师、万能Wi-Fi、输入法）、通信社交类（如微信、QQ）、实用工具类（如手电筒、天气预报、记事本）、网上购物类（如淘宝、京东）、交通导航类（如高德地图、百度地图、非常准航班查询）、游戏娱乐类等。

（4）外卖众包App

一些主要的外卖平台都开发了自己的外卖众包App，配送员可以在外卖平台下载众包App，安装到智能手机上，通过资料审核以及相关培训考试后，根据个人时间在众包App灵活接收配送订单，如图3-4所示。在配送过程中，外卖众包App能够提供系统导航自动规划路线并精准引导取送货位置，热力地图实时显示订单密集区域，接单诊断帮助骑手诊断接单相关问题。配送员在众包App的装备商城中可以购买各种配送装备，也可以获得平台提供的配送员保险。配送完成后，配送员可以按订单结算收入，自助提现。

2. 蓝牙耳机

随着外卖订餐量的暴涨，配送员交通违章事故呈高发态势。这其中的不少事故都和配送员骑车接打电话有关，因此，为了配送员的生命健康，以及网约配送行业安全可持续的发展，保障配送员安全的多功能方便携带式蓝牙耳机应运而生，如图 3-5 所示。

多功能方便携带式蓝牙耳机，采用多麦降噪技术阻隔噪声干扰，配套安全头盔，专为配送员工作场景订制，让配送员在接单过程中方便接单，不影响行驶安全。配送员耳机是基于头盔匹配设计，与头盔完美结合，达到一机两用的通用化功能。通过蓝牙耳机与 App 相连接，结合语音唤醒功能，能够解放双手，利用语音控制 App 后端，实现语音智能化查询订单及语音接单。

图 3-4　外卖众包 App

图 3-5　挂耳式蓝牙耳机

培训模块 四
安全和应急处理知识

培训项目1　安全知识
培训项目2　紧急情况处理

培训项目 1 安全知识

一、交通安全

1. 网约配送员交通安全隐患

（1）乱闯红灯

配送员在驾驶电动自行车进行配送时闯红灯，电动自行车在过马路的人群中穿梭，和行人抢道，甚至撞到行人，造成交通事故。

（2）随意横穿马路

配送员在驾驶电动自行车时，当看见道路上车辆减少后立即横穿马路，此时如果后面有车辆快速驶来，往往会导致双方车辆避闪不及，造成交通事故。

（3）超载超速

配送员驾驶电动自行车超载或超速，是造成交通事故的重要原因。

2. 电动自行车交通安全知识

（1）驾驶电动自行车时需双手扶住车把，因电动自行车比较重，如果单手握车把，当遇到紧急情况时大脑反应不过来，导致电动自行车转弯不及时而出现交通事故。

（2）不能把配送商品挂在电动自行车车把上，因为车把上挂东西后，车子转弯会不灵活，如果遇到紧急情况，很容易发生交通事故。

（3）电动自行车要走非机动车道，不要在机动车道上行驶，否则若发生事故，电动自行车需要被追责。

（4）夜晚驾驶电动自行车时要打开车灯，因为夜晚路黑，视力所及范围有限，再加上电动自行车的速度比较快，如果配送员大脑反应不及时，则很可能撞到行人。如果打开车灯，就可以避免这种安全隐患。

（5）夜晚行车，若迎面有车时最好不要开远照灯，因为远照灯会使对面的驾驶员看不清前方的车和人，容易造成交通事故。此时应该打开近照灯，这样既可以看见前方的路，又能够减少交通事故的发生。

（6）配送员在下雨天行车时，最好穿黄色的雨披，因为黄色是亮色，在很远的距离就会被发现，能够最大限度地避免交通事故的发生。

（7）配送员驾驶电动自行车时要佩戴头盔，如果发生意外，头盔能够很好地保护配送员的头部免受损伤。头部受到损伤对配送员的工作、生活影响很大，有时甚至会危及生命。

（8）配送员驾驶电动自行车前不能饮酒。酒精会麻痹大脑神经，使配送员反应失敏，行车时对道路意外情况不能做出正确的判断。

（9）配送员使用电动自行车配送时不能超载。一般电动自行车最多能承受150 kg左右的重量，如果超载，会损坏轮胎，降低制动功能，容易发生交通事故。

（10）配送员驾驶电动自行车时不可随意变道，不要和机动车争抢，转向需提前观察两侧情况并打转向灯或伸手示意。

3. 自行车交通安全知识

（1）自行车要在非机动车道上行驶，在混行道上要靠右边行驶，不能在机动车道和人行道上行驶。

（2）过较大陡坡或横穿四条以上机动车道时应当推车行走。雨、雪、雾等天气要慢速行驶，路面结冰时要推车慢行。

（3）转弯时要提前减速慢行，向后瞭望，伸手示意，不要突然猛拐。超越前方自行车时，不要与其靠得太近，速度不要过猛，不得妨碍被超车辆的正常行驶。

（4）不要手中持物、双手离把骑车，不能两人同骑一辆车，不要曲折行驶、相互竞驶。

（5）两辆车行驶时，两名配送员不要勾肩搭背、相互推挤、相互追逐。不要骑一辆车，再牵引一辆车。不要紧随机动车后骑行。

二、消防安全

1. 火灾发生条件

火灾是指在时间或空间上失去控制的燃烧所造成的灾害。火灾可能导致人员伤亡，还会造成难以挽回的经济损失。

燃烧的发生必须具备三个条件，即可燃物、助燃物和着火源。

2. 火灾形成的阶段

实践证明，多数火灾都是从小到大，由弱到强，逐步蔓延成大火的。火灾的形成过程一般分为初起、成长、猛烈、衰退四个阶段，前三个阶段是造成火灾危害的主要阶段。

（1）火灾初起阶段

一般固体可燃物质发生燃烧，其火源面积不大，火焰不高，烟和气体的流速不快，热辐射不强，火势向周围发展的速度比较缓慢。这个阶段的时间长短，随建筑物结构及空间大小的不同而不同。在这个阶段，只需少量的人力和简单的灭火工具就可以将火扑灭。

（2）火灾成长阶段

如果初起阶段的火灾未被发现或扑灭，随着燃烧时间的延长，燃烧强度增大，温度逐渐上升，燃烧区内逐步被烟气所充满，周围的可燃物迅速被加热，此时气体对流增强，燃烧速度加快，燃烧面积迅速扩大，会在一瞬间形成很大的火焰区。在这个阶段，必须有一定数量的人力和消防器材装备，才能及时有效地扑灭火灾。

（3）火灾猛烈阶段

随着燃烧时间的延长，燃烧速度不断加快，燃烧面积迅速扩大，温度急剧上升，可达 600~800 ℃。此阶段热辐射最强，气体对流达到最高速度，燃烧物质的放热量和燃烧产物达到最高值，建筑材料和结构受到破坏，发生变形或倒塌。这个阶段的时间长短和温度高低，取决于建筑物的耐火等级。在这个阶段，需要组织较多的灭火力量和花费较长的时间才能控制火势，扑灭大火。

（4）火灾衰退阶段

猛烈燃烧过后，火势衰退，温度下降，烟雾消散，火灾渐渐平息。

3. 预防火灾的措施

（1）控制可燃物，以难燃或不燃的材料代替易燃或可燃的材料。

（2）隔绝空气，使用易燃物质的生产应在密闭的设备中进行。

（3）消除着火源。

4. 发生火灾的原因

（1）缺乏防火安全常识、违反安全操作规程。

（2）电气设备使用不当。

（3）雷击、自燃。

5. 灭火原理

（1）冷却法

降低燃烧物的温度，使温度低于燃点，促使燃烧过程停止。例如，用水灭火。

（2）窒息法

减少燃烧区域的氧气量或采用不燃烧物质冲淡空气中的氧气，使火焰熄灭。例如，用沙土埋没燃烧物，使用二氧化碳灭火器扑救火灾。

（3）隔离法

对燃烧物与未燃烧物进行隔离。例如，将起火点附近的可燃物、易燃物或助燃物搬走。

（4）抑制法

让灭火剂参与到燃烧反应过程中去，以中断燃烧反应，达到灭火目的。

6. 火灾自救

一旦发生火灾，首先要做的就是把火灾信息传递给消防安全管理部门、单位负责人、消防队和需要疏散的人员。义务消防队员要积极参加扑救初起火灾，当火势蔓延、火情恶化时，要及时拨打119火警电话，并派人到路口迎候消防车。拨打电话时要注意说清楚以下几点：起火点的详细地址，具体起火部位；起火点燃烧物质的性质，如油、电器或棉织物等；火势的大小；报警人的姓名及联系方式。

（1）绳索自救法

家中有绳索的，可直接将其一端拴在门、窗档或重物上，沿另一端徐徐滑下。这一过程中，脚要夹紧绳子以增大摩擦力，双手交替往下抓绳，并尽量采用手套、毛巾等将手保护好。若无绳索，可将床单、被罩或窗帘等撕成条或拧成麻花状替代。

（2）匍匐前进法

由于火灾发生时烟气大多聚集在上部空间，因此在逃生过程中应尽量将身体贴近地面匍匐或弯腰前进。

（3）棉被护身法

将浸湿的棉被、棉大衣等盖在身上，确定逃生路线后用最快的速度钻过火场，冲到安全区域。

（4）毛毯隔火法

将毛毯等织物钉或夹在门上，并不断往上浇水冷却，以防止外部火焰及烟气侵入，从而达到抑制火势蔓延速度、增加逃生时间的目的。

7. 消防器材

消防器材包括消火栓、干粉灭火器、沙箱、消防铲、消防斧、消防钩、应急灯、疏散标志等。

消火栓是常用灭火设施，由开启阀门和出水口组成，并配有水带和水枪。使用时先将水带打开、打直，接口一边接出水口，另一边接水枪，如果水带太短，可再多连接一盘。

使用手提式干粉灭火器，应距燃烧物 3~5 m。操作者应先将灭火器上下摇晃，将开启把上的保险销拔掉，然后一只手握住喷射软管前喷嘴根部，另一只手将开启把下压，迅速对准火焰根部喷出干粉进行灭火。灭火时要迅速彻底，不要遗留残火，以防复燃。灭油料火时不要冲击液面，以防液体溅出，给灭火带来困难。

8. 消防安全职责

（1）制定消防安全制度和消防安全操作规程。

（2）实行防火安全责任制，确定本单位和所属各部门、各岗位的消防安全责任人。

（3）组织防火教育，及时消除火灾隐患。

（4）按照国家有关规定配置消防设施和器材，设置消防安全标志，并定期组织检修，确保消防设施和器材安全有效。

（5）保障疏散通道、安全出口畅通，并设置符合国家规定的消防安全疏散标志。

（6）任何单位和个人不得损坏或者擅自挪用、拆除、停用消防设施和器材，不得埋压、圈占消火栓，不得占用防火专用区域，不得堵塞消防通道。

（7）任何人发现火灾都应当立即报警。任何单位和个人都应当无偿为报警提供便利，不得阻拦报警。严禁谎报火警。

（8）公共场所发生火灾时，该公共场所的现场工作人员有组织、引导群众疏散的义务。

（9）发生火灾的单位必须立即组织力量进行扑救。

三、食品安全

1. 食品安全相关概念

（1）食品安全

食品是指各种供人食用（饮用）的成品和原料，以及按照传统既是食品又是药品的物品，但不包括以治疗为目的的物品。食品安全是指食品无毒、无害，符合应当有的营养要求，对人体健康不造成任何急性、亚急性或者慢性危害。

（2）预制食品及添加剂

预制食品是指预先定量做熟（或半熟），并存放在指定位置或容器中的成品、半成品或辅助性食品。食品添加剂是指为改善食品品质和色、香、味，以及为防腐、保鲜和加工工艺的需要，而加入食品中的人工合成或者天然物质。

（3）食品包装

食品包装是指包装、盛放食品、调味品或者食品添加剂所用的陶瓷、塑料、纸、玻璃等制品。

（4）食品洗涤剂和消毒剂

食品洗涤剂和消毒剂是指直接用于洗涤或者消毒食品、餐饮具，以及直接接触食品的工具、设备，或者食品包装材料和容器的物质。

（5）食品保质期

食品保质期是指食品在标签指明的储存条件下保持品质的期限（从制作到失去食品所应有的某项功能）。

（6）食品安全事故

食源性疾病是指食品中致病因素进入人体引起的感染性、中毒性疾病。食物中毒是指食用了被有毒、有害物质污染的食品，或者食用了含有毒、有害物质的食品后，出现的急性、亚急性疾病。食品安全事故是指食源性疾病、食物中毒、食品污染等源于食品，对人体健康有危害或者可能有危害的事故。

2. 食品相关企业安全操作规范

（1）食品相关工作人员个人卫生必须做到：勤洗手，勤剪指甲，勤洗澡，勤理发，勤换衣服和被褥，勤换工作服；开餐前后要洗手，不用手抓食物，不用废旧盒（袋）盛装食品，不随地吐痰，操作时不吸烟，不面对他人或食品打喷嚏、咳嗽，不用工作服或围裙擦手擦脸，不穿工作服上厕所。

（2）洗手应采用六步洗手法：第一步，掌心相对，手指并拢相互搓擦；第二步，手心对手背沿指缝相互搓擦，交换进行；第三步，掌心相对，双手交叉沿指缝相互搓擦；第四步，一手握另一手拇指旋转搓擦，交换进行；第五步，弯曲各手指关节，在另一手掌心旋转搓擦，交换进行；第六步，搓洗手腕，交换进行。

（3）84消毒液的配比是1∶250，物品在消毒液中浸泡15 min后，用清水冲洗干净。紫外线灯应垂直悬挂，离地面2~2.5 m，消毒应在工作前30 min进行，消毒时间以 30 min 为宜，并填写消毒记录，由专人负责。

（4）清除卫生死角，防止老鼠、蟑螂、苍蝇等污染食物。餐具保洁柜要保持清洁，用白布盖好，不能直接放在操作台面上；餐具未经消毒不能使用。

（5）厨房设备要贴有警示标语及使用方法，定时清洗。炉灶、配料台、锅、工作台、洗菜池、洗碗池使用后要及时清理，并彻底清洗，保持干净、整洁。厨具在使用前应洗干净，按规定处理，摆放有序，确保底、面、边"三面光"；砧板每次用完后应彻底清洗干净，竖放。餐具、饮具和盛放直接入口食品的容器，使用前必须洗净、消毒，用后必须洗净，以保持清洁。餐具、用具实行一洗、二刷、三冲、四消毒、五保洁措施，取拿食品时必须借助其他工具。

（6）采购食品要确保新鲜卫生，当天购进当天食用，蔬菜必须按照拣、洗、切、浸泡程序处理，严禁采购腐烂、霉变、被污染食品。对腐烂变质的食品和原料实行"四不"：不购进；保管员不予验收；厨师不加工制作；服务员不出售。食品、物品存放实行"四隔离"：生食与熟食隔离；成品与半成品隔离；食品与杂物、药物隔离；食物与天然水（冰）隔离。

（7）冷藏柜应定期除霜、解冻、清洗，以保证制冷效果及冷藏柜内的环境卫生清洁。食品应做到生熟分开、荤素分开，确保食品品味纯正。剩余食品必须采取保鲜、冷藏等措施，严禁使用变质变味食品。

（8）操作人员必须穿戴洁净的工作衣帽，戴口罩，并将手洗净、消毒。凉菜应由专人加工制作，非凉菜工作人员不得擅自进入凉菜间。加工凉菜的工（用）具、容器必须专用，用前必须消毒，用后洗净并保持清洁。

（9）在冷藏柜中存放的食品要摆放有序，生熟、肉禽、海鲜等食物不得混放，避免交叉污染，同时要加盖保鲜膜，与天然冰隔开。冷藏柜内要清洁、无异味，每周要对冷藏柜进行一次整理、清洗、消毒、除霜。冷藏柜物品码放整齐、层次分明、不得堆放，标识要求清楚、有效，与实物相符。

（10）烹饪后至食用前需要较长时间（超过 2 h）存放的食品，应当在高于 60 ℃或低于 10 ℃的条件下存放。需要冷藏的熟制品，应当在放凉后再冷藏。食物加热中心的温度要达到 70 ℃，以确保食用安全。熟食在室温下不得存放 2 h 以上。

（11）食品与化学试剂、消毒液或其他非食品类分开存放。食品添加剂必须按照相关国家标准使用，不使用无批准文号和无检验合格证书的产品，不使用国家禁止的食品添加剂。食品添加剂应有明确的使用要求和管理规范，由专人负责，专人专柜保管，专人使用，并填写使用记录。

四、防疫安全

1. 勤洗手

取餐前用肥皂或者洗手液搓洗手部 20 s 以上，如果送餐途中需要接触餐品，可以携带免洗洗手液，对双手及时进行清洁。

2. 戴口罩

尽量不去人多或密闭的地方，如果进入室内取餐必须佩戴口罩，可以戴普通医用口罩，如果是在疫情比较严重的地区，尽量佩戴 N95 或 KN95 口罩。无论是哪种类型的口罩，使用时效都是有限的，一定要定期更换。

3. 不随意丢弃用过的口罩

使用过的口罩上有许多病菌，使用过后一定要丢入垃圾桶，如果存在发热、咳嗽等现象，可以将口罩消毒或者用密封袋装好后再丢入垃圾桶，并且记得清洗双手。

4. 不带病送餐

如果身体不适，比如出现发烧、咳嗽等症状，应及时就医，就医过程中佩戴好口罩，避免在医院内被其他患者传染。

培训项目 2 紧急情况处理

一、安全事故应急救援

1. 一般性外伤事故

发生一般性外伤事故如机械伤害、高处坠落等,应及时护送受伤人员至附近医院进行救治。

2. 一般性内伤事故

发生一般性内伤事故如食物中毒、煤气中毒等,应用急救药物进行救助,并及时拨打120。

3. 火灾和坍塌事故

发生事故后不要惊慌,应尽快撤离事故现场,并报告上级部门。

4. 触电事故

首先使触电人员脱离电源,若开关在附近,应立即断开电源,若不清楚电源开关位置,应用适当的绝缘工具将触电人员与电源分开,救护人员最好用一只手操作,以防自己触电。现场应用的主要救护方法是人工呼吸和胸外按压。应当注意的是,急救措施应尽快进行,不能坐等医生到来,在送往医院的途中也不能停止急救。

二、火灾爆炸应急处理

1. 发现火灾、爆炸事故时,现场人员要及时报警,讲明火灾或爆炸的发生地点、燃烧(爆炸)物质的种类和数量、火势情况、报警人信息等。

2. 当发现火场有毒气时,要迅速查明毒气的性质、扩散范围、来源,以此为依据决定能否在佩戴防毒面具和防护用具的情况下,安全地出入火场进行各种扑救工作。对已弥散在火场周围的毒气进行通风驱散,或用雾状水流使可溶于水的毒气溶解,降低空气中的毒气含量。

3. 根据有毒物质的化学性质和物理性质，选择合适的灭火剂和灭火方法，避免无效扑救。

4. 火灾扑灭之后，应清洗灭火工具。

三、食物中毒事件处理

食物中毒事件是人命关天的大事，为了做到万无一失，需要做好紧急处理工作，确保一旦发生食物中毒事件能将人员的伤害降低到最小程度。

遇到食物中毒事件，配送员应拨打120急救电话寻求帮助，调动一切可用车辆及时将中毒人员送往医院救治，同时上报相关负责人，安排专人保护现场。

四、交通事故紧急处理

1. 立即停车

配送员遇到交通事故应立即停车，停车后按规定拉紧手制动，切断电源，开启危险报警闪光灯。如果在夜间发生交通事故，还需打开示宽灯和尾灯，按规定设置危险警告标志。

2. 及时报案

配送员应拨打交通事故报警电话122，报告事故发生的时间、地点、肇事车辆及伤亡情况，同时向附近的医疗单位、急救中心求救。如果事故现场发生火灾，还应拨打消防报警电话119，报告起火原因、火势大小及被困人员情况。

3. 保护现场

配送员应保护现场的原始状态，包括车辆、人员、牲畜、遗留的痕迹，并确保散落物不被移动。抢救伤者时，应在其原始位置做好标记，不得故意破坏、伪造现场。在交通警察到达之前，可用绳索等设置警戒线，保护好现场。

4. 抢救伤者和保管财物

确认受伤者的伤情后，应采取紧急抢救措施，尽最大努力救助，并设法送往附近医院抢救治疗。对于受伤人员的财物应妥善保管，防止被盗被抢。

5. 协助现场调查取证

配送员遇到交通事故必须如实向公安交通管理机关陈述事发经过，不得隐瞒交通事故的真实情况，应积极配合、协助警察做好善后处理工作。

6. 向保险公司报案

若已投保车辆强制保险或商业保险，配送员应及时向保险公司报案。

培训模块 五
基础道路交通知识

培训项目 1　城市路网
培训项目 2　道路交通标志与标线

培训项目 1

城市路网

一、城市路网格局

城市路网是城市范围内由不同功能、等级、区位的道路，以一定的密度和适当的形式组成的网络结构。

城市路网格局可以分为以下几种基本类型：

1. **方格式**

方格式又称棋盘式。其优点是设计简单，房屋朝向易于处理，并在一定程度上避免了城市交通拥挤。

2. **放射式**

放射式格局的特点是城市有明显的市中心或广场，各条街道均通向这里。单纯的放射式一般在小城镇才适用，因为这种格局从城市的任一点到另一点，都要绕经中心。

3. **环形放射式**

环形放射式格局既保持了放射街道，又增加了与市中心形成同心圆的环状街道，避免了单纯放射式格局的缺点。

4. **方格－环形－放射混合式**

方格－环形－放射混合式格局的特点是城市主体地区采用方格式布局，以外设方形或多边形环路，加放射对角线式直通道路。

5. **自由式**

自由式城市路网没有一定的格式。如果地形复杂，既要考虑道路功能，又要结合自然条件，因地制宜地构建路网形式。

二、城市道路

1. 城市道路分类

按照道路在路网中的地位、交通功能以及对沿线建筑物的服务功能等，城市道路分为以下四类：

（1）快速路（又称汽车专用道）

快速路应为城市长距离、快速交通服务。快速路对向车行道之间应设中间分车带，其进出口应采用全控制或部分控制。快速路两侧不应设置吸引大量车流、人流的公共建筑物进出口，两侧一般建筑物的进出口应加以控制。中小城市不设快速路。

（2）主干路（全市性干道）

主干路应为连接城市各主要分区的干路，为城市主要客货运输路线，以交通功能为主。非机动车多时，宜采用机动车与非机动车分隔形式，如三幅路或四幅路。主干路两侧不应设置吸引大量车流、人流的公共建筑物进出口。一般红线宽度为 30～45 m。红线宽度是指通行机动车或非机动车和行人交通所需的宽度。

（3）次干路（区级干道）

次干路应与主干路结合组成道路网，为联系主要道路之间的辅助性交通道路，起集散交通的作用，兼有服务功能，一般红线宽度为 25～40 m。

（4）支路（街坊道路）

支路应为次干路与街坊路的连接线，解决局部地区交通，以服务功能为主，一般红线宽度为 12～25 m。

2. 居住区道路

根据功能要求和居住区规模的大小，居住区道路一般可分为三级或四级，居住区道路是解决居住区内外联系的通道。车行道宽度不应小于 9 m，红线宽度一般为 20～30 m；居住小区级道路是居住区的次要道路，用以解决居住区内部的联系，车行道宽度一般为 7 m，红线宽度为 12～14 m；居住组团级道路是居住区内的支路，用以解决住宅组群的内外联系，车行道宽度一般为 4～6 m；通向各户或各单元门前的小路，一般宽度为 3 m。此外，在居住区内还可能有专供步行的步道。

3. 电动自行车行驶道路

根据道路条件和通行需要，城市道路中划分机动车道、非机动车道和人行道，机动车、非机动车、行人实行分道通行。没有划分机动车道、非机动车道和人行道的，机动车在道路中间通行，非机动车和行人在道路两侧通行。道路划设专用车道的，在专用车道内，只准许规定的车辆通行，其他车辆不得进入专用车道内行驶。电动自行车应在非机动车道内行驶，在没有划分非机动车道的道路，应在距右侧道路边缘 1.5 m 的范围内行驶。

培训项目 2

道路交通标志与标线

一、道路交通标志

道路交通标志分为禁令标志、指示标志、指路标志、警告标志等。

1. 禁令标志

禁令标志起到禁止某种行为的作用,是禁止或限制车辆、行人交通行为的标志。除个别标志外,其颜色为白色底、红色圈、红色杠、黑色图案,图案压杠;形状为圆形、八角形、顶角朝下的等边三角形。禁令标志设置在需要禁止或限制车辆、行人交通行为的路段或交叉口附近。网约配送员需要了解的禁令标志主要有:

（1）禁止通行标志

该标志如图5-1所示,表示前方道路禁止一切车辆和行人通行,设在禁止通行的道路入口附近。

图5-1 禁止通行标志

（2）禁止非机动车进入标志

该标志如图5-2所示,表示前方路段禁止各类非机动车进入,设在禁止各类非机动车进入的路段入口处。

图 5-2　禁止非机动车进入标志

（3）禁止驶入标志

该标志如图 5-3 所示，表示前方路段禁止一切车辆驶入，设在单行路的出口处或禁止驶入的路段入口处。

图 5-3　禁止驶入标志

（4）禁止摩托车驶入标志

该标志如图 5-4 所示，表示前方路段禁止摩托车驶入，设在禁止摩托车驶入的路段入口处。

图 5-4　禁止摩托车驶入标志

（5）禁止向左转弯标志

该标志如图 5-5 所示，表示前方路口禁止一切车辆向左转弯，设在禁止向左转弯的路口前适当位置。

图 5-5　禁止向左转弯标志

（6）禁止直行和向左转弯标志

该标志如图 5-6 所示，表示前方路口禁止一切车辆直行和向左转弯，设在禁止直行和向左转弯的路口前适当位置。

图 5-6　禁止直行和向左转弯标志

（7）禁止向右转弯标志

该标志如图 5-7 所示，表示前方路口禁止一切车辆向右转弯，设在禁止向右转弯的路口前适当位置。

图 5-7　禁止向右转弯标志

（8）禁止直行和向右转弯标志

该标志如图 5-8 所示，表示前方路口禁止一切车辆直行或向右转弯，设在禁止直行和向右转弯的路口前适当位置。

图 5-8　禁止直行和向右转弯标志

（9）禁止停车标志

该标志如图 5-9 所示，表示在限定的范围内禁止一切车辆临时或长时停放，设在禁止车辆停放的地方。禁止车辆停放的时间、车种和范围可用辅助标志说明。

图 5-9　禁止停车标志

（10）禁止直行标志

该标志如图 5-10 所示，表示前方路口禁止一切车辆直行，设在禁止直行的路口前适当位置。

图 5-10　禁止直行标志

（11）禁止掉头标志

该标志如图 5-11 所示，表示前方路口禁止一切车辆掉头，设在禁止掉头的路口前适当位置。

图5-11　禁止掉头标志

（12）禁止行人进入标志

该标志如图5-12所示，表示前方路段禁止行人进入，设在禁止行人进入的路段入口处。

图5-12　禁止行人进入标志

（13）禁止向左和向右转弯标志

该标志如图5-13所示，表示前方路口禁止一切车辆向左向右转弯，设在禁止向左向右转弯的路口前适当位置。

图5-13　禁止向左和向右转弯标志

（14）减速让行标志

该标志如图5-14所示，表示车辆必须慢行或停车，观察干道行车情况，只有在确保干道车辆优先通行且安全的前提下，方可进入路口。此标志设在视线良好交叉道路的次要路口。

图 5-14　减速让行标志

（15）停车让行标志

该标志如图 5-15 所示，表示车辆必须在停止线前停车瞭望，确认安全后才可以通行。停车让行标志在下列位置设置：与交通流量较大的干路平交的支路路口；无人看守的铁路道口；其他需要设置的地方。

图 5-15　停车让行标志

2. 指示标志

指示标志起指示作用，是指示车辆、行人行进的标志。指示标志颜色为蓝色底、白色图案，形状分为圆形、长方形和正方形，设置在需要指示车辆、行人行进的路段或交叉口附近。

（1）直行标志

该标志如图 5-16 所示，表示前方路口一切车辆只准直行，设在直行的路口前适当位置。

图 5-16　直行标志

（2）直行和向右转弯标志

该标志如图5-17所示，表示前方路口一切车辆只准直行和向右转弯，设在车辆必须直行和向右转弯的路口前适当位置。

图5-17　直行和向右转弯标志

（3）向左转弯标志

该标志如图5-18所示，表示前方路口一切车辆只准向左转弯，设在车辆必须向左转弯的路口前适当位置。

图5-18　向左转弯标志

（4）向左和向右转弯标志

该标志如图5-19所示，表示前方路口一切车辆只准向左和向右转弯，设在车辆必须向左和向右转弯的路口前适当位置。

图5-19　向左和向右转弯标志

（5）靠右侧道路行驶标志

该标志如图 5-20 所示，表示前方路段一切车辆只准靠右侧行驶，设在车辆必须靠右侧行驶的路口前适当位置。

图 5-20　靠右侧道路行驶标志

（6）靠左侧道路行驶标志

该标志如图 5-21 所示，表示前方路段一切车辆只准靠左侧行驶，设在车辆必须靠左侧行驶的路口前适当位置。

图 5-21　靠左侧道路行驶标志

（7）步行标志

该标志如图 5-22 所示，表示前方道路只供步行，任何车辆不准进入，设在步行街的两端。

图 5-22　步行标志

（8）人行横道标志

该标志如图 5-23 所示，表示此处为人行横道，车辆应减速慢行，设在人行横道线两端的适当位置。

图 5-23　人行横道标志

（9）非机动车行驶标志

该标志如图 5-24 所示，表示前方道路只供非机动车行驶，设在非机动车行驶道路的起点及交叉路口和入口处前适当位置。

图 5-24　非机动车行驶标志

（10）非机动车车道标志

该标志如图 5-25 所示，表示所指示车道只供非机动车行驶，设在该车道的起点及交叉路口和入口前适当位置。

图 5-25　非机动车车道标志

3. 指路标志

指路标志起指路作用，是传递道路方向、地点、距离信息的标志。除里程碑、百米桩外，颜色一般为蓝色底、白色图案，高速公路一般为绿色底、白色图案；除地点识别标志、里程碑、分合流标志外，形状一般为长方形和正方形。指路标志设置在需要传递道路方向、地点、距离信息的路段或交叉口附近。

（1）此路不通标志

该标志如图 5-26 所示，指示前方道路无出口，不能通行。

图 5-26　此路不通标志

（2）绕行标志

该标志如图 5-27 所示，表示前方道路实施交通管制，车辆需按照标志所指示的路线绕行，设在实施交通管制路口前适当位置。

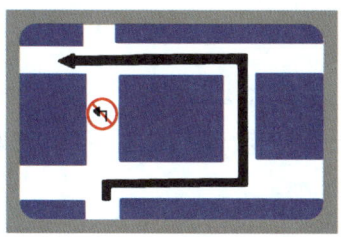

图 5-27　绕行标志

（3）右侧通行标志

该标志如图 5-28 所示，为线形诱导标，引导行车方向，提示道路使用者前方呈线形变化，注意按标志指示改变行驶方向，谨慎驾驶。该标志设于中央隔离设施端部、渠化设施端部、桥头等。

图 5-28　右侧通行标志

（4）左侧通行标志

该标志如图 5-29 所示，为线形诱导标，引导行车方向，提示道路使用者前方呈线形变化，注意按标志指示改变行驶方向，谨慎驾驶。该标志设于中央隔离设施端部、渠化设施端部、桥头等。

图 5-29　左侧通行标志

（5）两侧通行标志

该标志如图 5-30 所示，为线形诱导标，引导行车方向，提示道路使用者前方呈线形变化，注意按标志指示改变行驶方向，谨慎驾驶。该标志设于中央隔离设施端部、渠化设施端部、桥头等。

图 5-30　两侧通行标志

（6）街道名称标志

该标志如图 5-31 所示，指示当前街道名称，设在城市道路交叉口或临近交叉口的地方。

图 5-31 街道名称标志

（7）路名牌标志

该标志如图 5-32 所示，指示城市道路名称、地理方向、道路沿线门牌号码，设在城市道路街角处，一般设置在人行道边，标志板面与行车方向平行。

图 5-32 路名牌标志

（8）十字交叉路口标志

该标志如图 5-33 所示，指示前方是十字交叉路口，标有交叉公路的编号或交叉道路的名称、通往方向信息、地理方向信息。

图 5-33 十字交叉路口标志

4. 警告标志

警告标志起警告作用，是警告车辆、行人注意危险地点的标志。颜色为黄色底、黑色边、黑色图案，形状为顶角朝上的等边三角形。

（1）十字交叉路口标志

该标志如图 5-34 所示，警告前方道路有十字交叉路口，应谨慎慢行，注意横向车辆。

图5-34 十字交叉路口标志

（2）T形交叉路口标志

该标志如图5-35所示，警告前方道路有T形交叉路口，应谨慎慢行，注意横向车辆。

图5-35 T形交叉路口标志

（3）环形交叉路口标志

该标志如图5-36所示，警告前方道路有环形交叉路口，应谨慎慢行，注意横向车辆。

图5-36 环形交叉路口标志

（4）急弯路标志

该标志如图5-37所示，警告前方道路有急转弯，应减速慢行。

图 5-37　急弯路标志

（5）连续弯路标志

该标志如图 5-38 所示，警告前方道路有连续三个或三个以上的方向相反的弯路，应减速慢行。

图 5-38　连续弯路标志

（6）易滑标志

该标志如图 5-39 所示，警告前方路面较滑，易发生事故，应减速慢行。

图 5-39　易滑标志

（7）注意行人标志

该标志如图 5-40 所示，警告前方道路设有人行横道线，应减速慢行，注意行人。

图 5-40　注意行人标志

（8）路面不平标志

该标志如图 5-41 所示，警告前方路面不平，应减速慢行。

图 5-41　路面不平标志

（9）有人看守铁路道口标志

该标志如图 5-42 所示，警告前方是有人看守的铁路道口，应减速或停车观察，按照交通信号或管理人员的指挥通行。

图 5-42　有人看守铁路道口标志

（10）无人看守铁路道口标志

该标志如图 5-43 所示，警告前方是无人看守的铁路道口，应按照交通信号指示通行，无交通信号时应减速或停车观察，确认安全后再通过。

图 5-43　无人看守铁路道口标志

（11）事故易发路段标志

该标志如图 5-44 所示，警告前方为交通事故易发路段，应谨慎驾驶。

图 5-44　事故易发路段标志

（12）注意危险标志

该标志如图 5-45 所示，警告前方是其他警告标志不能包括的危险路段，应谨慎慢行。

图 5-45　注意危险标志

此外，还有提供旅游景点方向和距离的旅游区标志，通告道路施工区通行的道路施工安全标志，附设于主标志下起辅助说明作用的辅助标志。

二、道路交通标线

1. 指示标线

指示标线是指示车行道、行车方向、路面边缘、人行道等设施的标线。

（1）非机动车车道路面标记

该标记如图5-46所示，施画于车道起点或车道中，表示该车道为非机动车道，禁止机动车占道通行。

图5-46　非机动车车道路面标记

（2）非机动车停车位标线

该标线如图5-47所示，表示非机动车专用停车位。

图5-47　非机动车停车位标线

（3）行人左右分道的人行横道线

行人左右分道的人行横道线如图5-48所示，并列设置两道人行横道线，表示前方为行人过街交通量特别大的路口，行人依照方向箭头指示靠左右分道过街。

图 5-48 行人左右分道的人行横道线

(4) 人行横道线

人行横道线如图 5-49 所示。人行横道线为白色平行粗实线，表示一定条件下准许行人横穿道路的路径，同时警示机动车驾驶人注意行人及非机动车过街。机动车禁止在人行横道线上停车，通过人行横道时应减速慢行，遇到行人需停车礼让。

图 5-49 人行横道线

2. 禁止标线

禁止标线是告示道路交通的禁止、限制等特殊规定，车辆驾驶人员及行人需要严格遵守的标线。

非机动车禁驶区标线如图 5-50 所示，告示非机动车在路口内禁止驶入的范围。

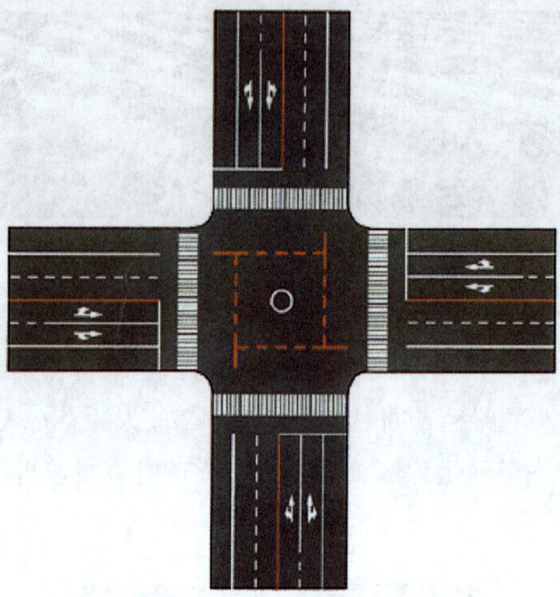

图 5-50 非机动车禁驶区标线